続

魚のあんな話、こんな食べ方

臼井一茂 著

はしがき

魚はやっぱり旨い。何が旨いかというと、魚種や大きさで味わいが違う。確かに本まぐろの背トロや、大きな松輪サバ、各漁家が自家製で作る湘南しらすなら、手が止まらなくなる。でも、みんなが言う一級品だけでなく、旬の時に旬のまま、ひとコツ加えて料理すると、小さなサバだって、見かけない魚だって、地域特産の魚やその加工品だって、実に風味が豊かなんです。

世の中では食育とか地産地消などキャッチフレーズが溢れ、おいしいもの、安全なものと言われます。でも考えてみてください。完全に安全な食べ物がありますか？　私たちは自然のもの、養殖した生き物をいただいているのです。確かに毒としてメチル水銀や、人間が作り出した世界最強の毒物質ダイオキシンなどの問題はあるものの、エビや貝類、豚などが多く含んでいるコレステロールは、彼らが生きるために必要な成分として蓄積しているのです。そう、人の健康を保つための食料として生存している訳ではないのです。あくまで自然の生き物なんです。

それから、私たちは身近なところで生産されたものを上手く利用し、時間もエネルギーも節約する必要もあると思います。そして、旬の素材の風味や食感を生かす献立をつくり、家庭の味としていただくのです。それには絵の具を混ぜて新しい色を造るように、旬の水産物と農産物を使って、素材から料理の味を想像しながら調理してみてください。その積み重ねによりレパートリーを増やし、「料理力」を付けて、豊かな食生活を楽しんでください。

この刊行にあたり、神奈川新聞湘南版にて連載の機会をいただいた、元神奈川新聞社の岸さん（ご退職とのこと、お疲れ様でした。）、魚の写真撮影などの協力をいただきました小田原市漁協の皆様、城ヶ島漁協販売部の皆様、油壺マリンパークの皆様、ありがとうございました。

季節感のある旬の魚と野菜との創作料理を提案してくれた関野さん、三日市さん、藤原さん、学生の小山さん、前回の本から編集協力してくれた佐藤さんには深くお礼申し上げます。

そして、いつもながら料理撮影や仕込みなど、苦労をかけています家族、そして多くの仲間と協力と理解をしていただいてます神奈川県水産技術センター及び水産課の職場の皆様にお礼申し上げます。

二〇〇九年　八月

著者

続 魚のあんな話、こんな食べ方 目次

産地の魚

貝類・その他

季節の魚と野菜で

コラム

1

大衆魚・海草類

糸縒鯛

ITOYORIDAI

優雅な〝海の羽衣〟

淡い桃色の魚体に黄色の帯が走り、優雅な金色の糸を漂わす海の羽衣、そう、イトヨリダイです。

晩夏から冬が旬の白身魚で、主に本州中部以南から東シナ海に分布し、蒲鉾のすり身原料としても有名です。

イトヨリダイのピンクの体色に六本の黄色の縦縞と、英名でGolden thread（金の糸）と呼ばれる、尾鰭《おびれ》から糸のように長く伸びた黄色の軟条が、まるで金糸を撚《よ》っているように見えるのが名前の由来です。

イトヨリダイは、関西ではマダイのかわりに祝いの膳に使われたり、あっさりとした白身の高級魚として知られています。

一一代将軍の徳川家斉は、このイトヨリダイを大いに好み、小田原沖で獲れると直ちに飛脚で運ばせたそうです。その時の逸話として、イトヨリダイを調理人の早川長兵衛に焼かせた際、一尾焼くたびに炭百俵を褒美として与えたそうです。

フレンチで身の柔らかな魚として、マトウダイやシタビラメとともに、このイトヨリダイを珍重します。フランス語でヒメジなどを指すルージ

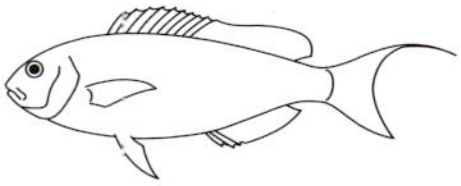

旬は
晩夏～冬

イトヨリダイ

ェという名称で、このイトヨリダイの料理が出てくることもあります。

イトヨリダイは鮮度が低下しても、ピンク色の体色の変化はほとんど無いのですが、とにかく身が柔らかくなる魚なので、刺身や湯引きで梅酢や梅肉醤油、柔らかなフライや焼き魚も良いですが、私なら蒸しものにします。きめ細かい柔らかな筋肉の繊維が、舌の上でほぐれ、只々ほくそ笑むばかりの楽しさを、是非、お試しあれ。

イトヨリダイの塩釜焼き

Fish's small talk

アキアジとは、秋から沖合いで獲れるシロザケを指し、アイヌ語のアキアチップ（秋の魚）が由来です。全身が銀色をして大変おいしく、秋味ともいわれます。しかし、産卵に河口付近に来ると ブナジャケ と呼ばれ加工品にされます。他にも鮭児《ケイジ》や目近鮭《メジカ》、時不知《ときしらず》鮭と、いろんな白鮭がありますね。

尾赤室鯵

OAKAMURO

特徴は赤い尾鰭

細長いロケットのような魚体と、鮮やかな赤い尾鰭《おびれ》が特徴の海の赤鉛筆、そう、オアカムロです。

　オアカムロはムロアジ属なので、背鰭と尻鰭の間に、小離鰭《しょうりき》があり、ゼイゴと呼ぶ稜鱗《りょうりん》が、マアジなどとは異なり、魚体後方にある直線部分の側線に沿ってのみあります。

　オアカムロの大きなものは四〇センチ程になりますが、よく見かける大きさは三〇センチ程です。地元では普通に食べられていますが、一般にはあまり知られていないことや、流通量が少ないことから、産地から離れた地域では見かけない魚です。

　最近、消費者団体連絡会の皆さんと共に、漁業現場の見学や、地場産水産物を試食する会を行いました。その時に、このオアカムロのタタキを試食してもらったところ、美味しいとビックリしていました。

　刺身には、さくをまっすぐ切る「平切り」、斜めに切る「そぎ切り」、イカ素麺を代表とする「細造り」、フグやカサゴなどで用いる「薄造り」、そしてアジの「タタキ」などの切り方がありますが、オアカムロは、そぎ切りの刺身では旨味をあまり感じ

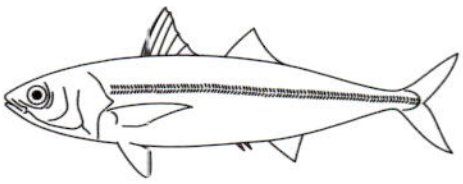

旬は
晩夏

オアカムロ

オアカムロのタタキ

ないのに対して、タタキにすると非常に美味しく感じられます。素材にはそれぞれ適した切り方や、調理法があるのですね。

オアカムロの干物や塩焼きで頂くのもいいですが、私なら、皮を焙ってから「たたき」にし、米味噌と生姜を付け合わせます。冷酒と共に、味噌の塩気に生姜のさわやかさが加わったオアカムロのコクを、是非、お試しあれ。

Fish's small talk

ネギ特有の刺激臭はアリシンという揮発成分で、アリナーゼという酵素によって生成されます。このアリシンには強力な殺菌作用と、ビタミン B_1 の吸収促進により疲労回復を早め、タンパク質の消化を促し、発汗作用を高めます。ネギのアリシンの活用には、加熱せず生の状態で刺身などと食べるのが良いようです。

丸鯵

MARUAJI

旬の味をタタキで

細長の円筒形の魚体に、背側の丸い鱗《うろこ》が鹿の子絞りの模様に見える海のすりこぎ、そう、マルアジです。

マルアジは、マアジに次いで漁獲量が多く、マアジが春に旬を迎えるのに対し、このマルアジは、秋から冬に旬を迎えます。大きさは最大で四〇センチ程にもなるんですよ。

マルアジは、ムロアジ属の魚で、マアジのいるマアジ属と比べると、体高が低くニンジンのような丸みのある胴体と、尾鰭《おびれ》の付け根に小さな小離鰭《しょうりき》があること、また、ゼイゴと呼ばれる稜鱗《りょうりん》が、側線の終わりの直線部分にしかない特徴があります。

ところで、調味料のコショウには、ブラック、ホワイト、グリーン、ピンクがありますが、どれも同じコショウ科のブラックペッパーの果実です。未熟な緑色の果実を乾燥させたブラックと、塩漬けして乾燥させたグリーン。赤く熟した果実を塩蔵し乾燥させたピンクと、水漬けし皮を取って乾燥させたホワイトです。但し、ウルシ科のコショウボクと、バラ科の西洋ななかまどの果実も、ピンクペッパーに含まれています。

コショウには、発汗や食欲増進の

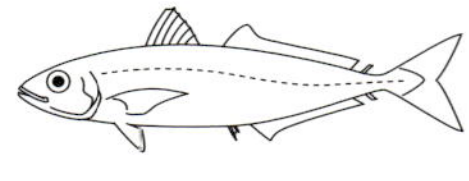

旬は
秋～冬

マルアジ

効果がある辛味成分のピペリン、記憶力や集中力を高める香り成分のモノテルペンがあるのですよ。

マルアジのタタキと冷汁飯

旬のマルアジなら、単なる刺身よりタタキが一番です。私ならタタキに味噌をあわせ、荒挽き黒コショウを効かせいただきます。また、残ったタタキでつみれ汁も良し、焼いてサンガにしても良し。食欲の秋には、滋味の強いマルアジとコショウの組み合わせを、是非、お試しあれ。

Fish's small talk

小粒でぴりりと辛い香辛料の山椒は、食べると顔をしかめることから、古名ではじかみと言いました。この辛味成分のサンショールには、消化促進、健胃の作用や、局所麻酔の作用もあり舌がしびれます。四川料理で有名な麻婆豆腐では、唐辛子の他に山椒で風味をつけるので、特に舌の痺れを感じます。

馬面剥

UMAZURAHGI

ぷりぷりの肝絶品

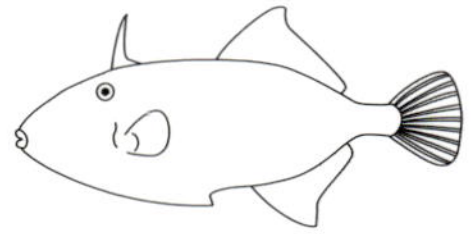

大きな一本の棘《とげ》と、ザラザラの肌には不規則な雲状斑がある海のユニコーン、そう、ウマヅラハギです。ウマヅラハギの名前は、カワハギと比べ細長い菱形の魚体と、長く突き出たおちょぼ口、そしてつぶらな瞳が、馬の顔のように見えるのが由来です。

　ほんのり黄色みを帯びた透き通った身は、一年を通じて美味しく食べれますが、一番旨い部分はやはりカワハギと同様にキモ（肝臓）です。夏にはレンガ色をして水っぽいのに、寒くなる秋以降は、乳白色ではち切れんばかり。まさにカマンベールチーズのようになります。その上、下処理が簡単で、頭を切り落とし皮を手で剥ぐだけでOK、飛び散る鱗《うろこ》が無いのが嬉しいですね。

　このウマヅラハギは、一九七〇年から一九八〇年代にかけて、全国で大量に漁獲されました。当時は一部の地域でしか食べる習慣がなく、スーパーや魚屋さんで安く並んでいても、消費者は見慣れないこの魚を購入することはありませんでした。そこで、加工法や加工品を開発して、消費を伸ばそうと研究が進められ、

旬は
秋〜冬

ウマヅラハギ

ウマヅラハギの薄造り肝添え

ようやくかまぼこなどの利用に目処が付いたときには、もはや獲れなくなっていました。さかなは基本的に自然の恵み、ほとんどは天然物ですから、人間社会の都合に合わせて、生きているわけではないですからね。

ウマヅラハギなら、刺身や肝和え、甘辛い煮付け、ひと塩して唐揚げ、バターを利かしたソテー、そして王道のちり鍋や味噌汁などにします。また、干物やみりん干しなどを焙って、熱燗と共に、是非、お試しあれ。

Fish's small talk

揚げかまぼこである“さつま揚げ”は、沖縄の揚げかまぼこであるチギアギーを元に、薩摩の名藩主であった島津斉彬公が紀州のはんぺんや、てんぷらなどから独自に研究し、鹿児島県薩摩地方の郷土料理である魚料理の一つとして考案された「つけ揚げ」が原型となったことが、名前の由来となっています。

鱰

SHIIRA

力強く別名「万力」

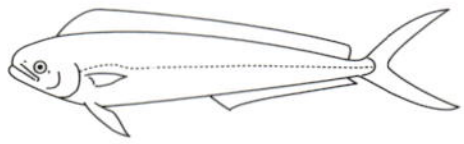

旬は夏

舌の上に歯を備え、全体に平べったく、頭部がおでこの様に高く脹れた海の力士、そう、シイラです。

シイラは、黒潮にのってやってくる回遊魚で、体長一メートル以上、体重三〇キロにも達する大型の肉食魚です。このシイラは背側は濃緑色をし、腹部は緑色の斑点が散在した黄金色に輝くメタリックな綺麗な体色です。そして、真夏の太陽と黒潮のなか、時速六〇キロものとてつもないスピードで泳ぎ回り、数メートルもジャンプをするのです。

夏から秋にかけ、遊漁船でのルアー釣りの好対象魚としても大人気です。流木などの浮遊物の陰に隠れ、小魚などを襲う習性を利用して、パヤオと呼ばれる浮き魚礁やブイ、そして潮目に漂う流木に向かって、ルアーで狙います。別名、万力《まんりき》と言われ、その名に恥じぬ引きの強さです。

シイラの名称は、皮が堅くて身が薄いことから、米などで結実しない籾《もみ》の呼び名である粃《しいな》が由来です。

ハワイでは「マヒマヒ」の名称でお馴染みの魚で、白身でさっぱりとした味からか、香辛料のたっぷりかかったステーキや、野菜や果物とあ

シイラ

えられた刺身のポキなど、名物料理として登場しますよ。

シイラはあっさりとしたカンパチの様で、最近では回転寿司で登場します。横須賀ではトマトソースを絡めた料理が学校給食に登場し、産地では干物やカレーが人気を博しています。私なら、サクサクのフライに甘辛いカクテルソースを添えます。フルーツの香りとさわやかな甘さがおりなす美味しさを、是非、お試しあれ。

シイラのフライ、フルーツソース

Fish's small talk

シイラは全国で漁獲されますが、特に東シナ海や南日本で多く、高知、宮崎、長崎、熊本、島根で多く漁獲されています。

漁法としては、まき網、定置網、曳縄《ひきなわ》釣りや延縄《はえなわ》、流し網などが主に操業されています。流木などに集まる習性を利用し、筏などに集めるシイラ漬漁業は名物です。

大目羽太

OOMEHATA

市場ではシロムツ

銀色の魚体に透ける薄い鱗《うろこ》と、飛び出す大きな目が特徴の海の勤勉眼鏡君、そう、オオメハタです。

水深一〇〇～二〇〇メートル位の深場にて、カサゴ類と共に釣りで漁獲されるほか、キンメダイやムツを狙った立て縄釣りでも混獲されます。

このオオメハタのほか、良く似た近縁のワキヤハタ、ナガオオメハタを含めた三種を、市場でシロムツと呼んでいます。ちなみに、ムツの仲間ではなく、ハタの仲間なんですよ。大きさは一五～二〇センチ位がほとんどで、最大でも三〇センチ程の大きさです。

ところで、魚を焼くなら、やっぱり遠火の炭火が最高ですね。そして、炭といえば備長炭が有名です。

一七三〇年頃、和歌山県の炭問屋、備中屋長左衛門は、カシ類の中で最も硬い姥目樫《うばめがし》を原木にした木炭を、江戸へ出荷する際、備中屋の「備」と長左衛門の「長」をとり、備長炭《びんちょうたん》と名付けたのです。堅くて重く、叩くと金属のような音がする備長炭は火力が強く、遠赤外線の効果で魚の内部までしっかり焼き上げることができます。そうそう、遠赤外線は熱

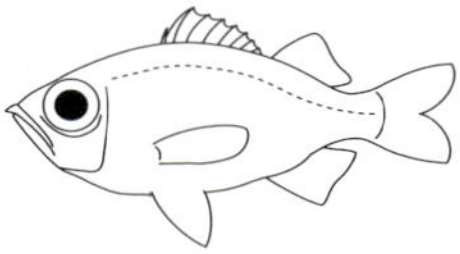

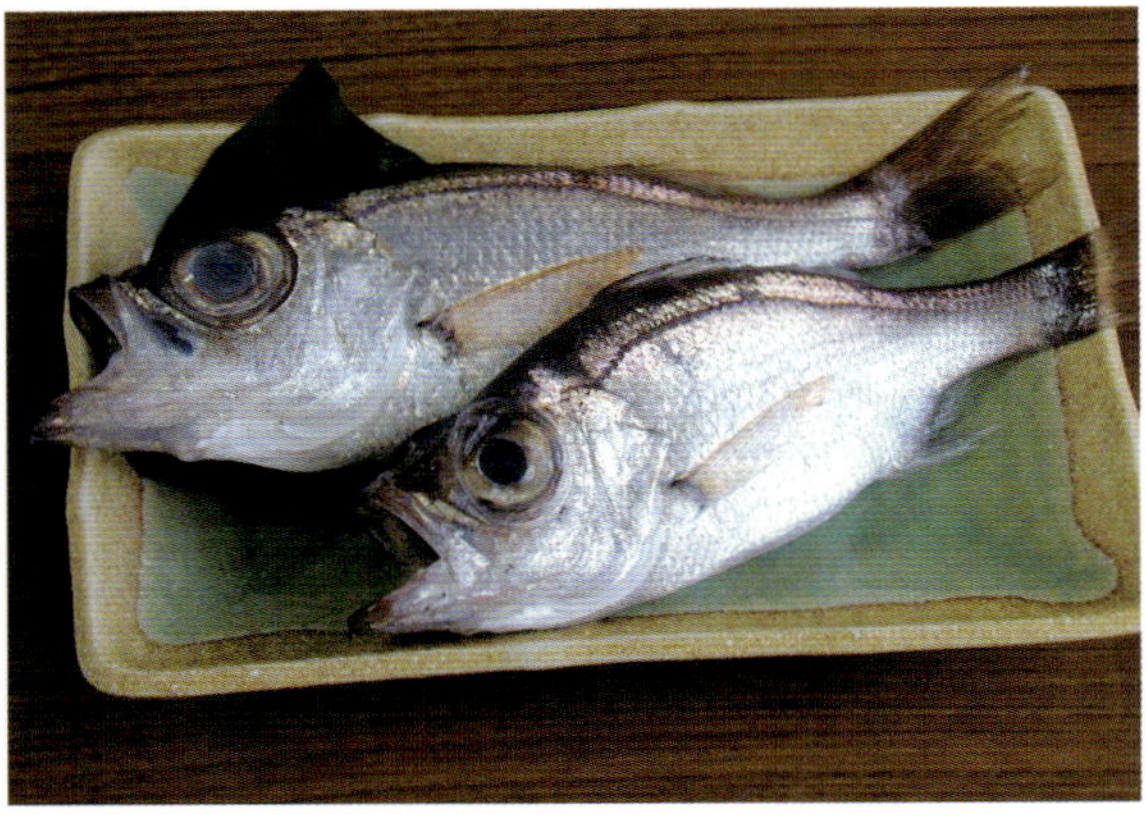

旬は冬

オオメハタ

オオメハタの塩焼き

ではなく電磁波で加熱しますから、団扇《うちわ》で仰いでも、熱い空気がこない手元も、この遠赤外線で熱いですよね。

オオメハタなら、刺身や煮付けも美味しいですが、私ならじっくり焼いた塩焼きが一番です。柔らかでふくよかな甘みを堪能したあと、再度焼き直し、潮汁仕立てで、骨の髄まで楽しみます。もちろん、煮魚も食べ終えた後、更にお湯を加え、スープも頂きますよ。皆さんも、是非、お試しあれ。

Fish's small talk

平安時代に下野国《しもふさのくに》（今の栃木県）に伝わった、塩鮭のあらを使った“しもつかれ”という郷土料理があります。栃木県を中心に北関東で作られ、鬼おろしでおろした大根と大豆、塩出しした鮭のあらを酒粕で煮込んだもので、おかずとして食べられます。初午《はつうま》の日につくって稲荷に供える風習があります。

須義

SUGI

歯応えのいい白身

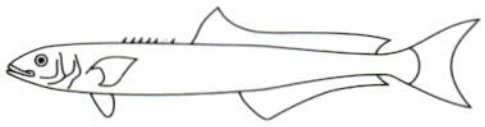

旬は秋

紡錘形の褐色の魚体に、小さな目と背中に数本の短い棘《とげ》をもつ海の糸切り鋸、そう、スギです。

大きなものでは一・五メートルにも達しますが、水揚げされるものは三〇～七〇センチ程の大きさです。

一科一属一種であるスギは、世界中の暖かい海に生息し、コバンザメの特徴である頭頂部の小判型の吸盤はないものの、それを想像させる平らな頭頂部と、鰭膜《ひれまく》でつながらない、短い棘《とげ》の背鰭《せびれ》があること。そして、鯨類や大型魚類に随伴する習性などから、近縁とされています。

若い魚は、暗褐色の体色に、胸鰭及び目の後方から尾鰭にかけて二本の白い縦線があります。しかし、成魚になるとその白い線は無くなり、全体的に褐色になり、まるでビール瓶が泳いでいるようです。

台湾や沖縄では、釣りの好ターゲットであり、近年では、東南アジアで養殖が盛んに行われるようになりました。というのも、孵化《ふか》してから一年で一〇キロ、二年では二〇キロと成長が早く、しかも病気や傷に強い大変丈夫な魚だからです。以前には、黒カンパチとかトロカンパチの

スギ

スギの姿盛り

愛称が付いた程、歯応えの良い脂ののった白身で、特に脂のあるものは、まるでメカジキの様です。天然魚では透明感ある白身ですから、食べている餌の条件で肉質が大きく異なる魚なんですね。

スギは、しっかりとした肉質の日持ちの良い魚なので、直ぐに食べるのであれば、火を通すフライやムニエルに。また、二、三日おいたものを辛子醤油の刺身やしゃぶしゃぶにして、是非、お試しあれ。

Fish's small talk

雑煮の起源について、民俗学者の柳田国男氏は正月にお迎えする神様へのお供えを煮たのが始まりだと言ってます。室町時代には餅のほかにアワビやナマコの乾物が使われたそうです。新潟雑煮は塩鮭の切身やいくら、博多雑煮はブリの切身、鹿児島雑煮は干しえびと、地域の産物が椀を飾ります。

海鱮

UMITANAGO

安産願って食べる

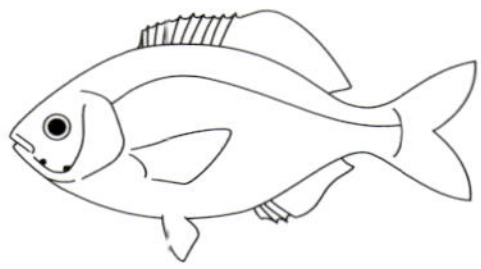

旬は春

銀色から薄紫の体色で、魚らしい菱形の魚体から、「子ども」を産む海のマタニティー、そう、ウミタナゴです。

二種類の体色があり、磯場に住むのは銀色、海藻場に住むのは赤紫色です。このウミタナゴのほか、スマートな体型で銀色のオキタナゴや黄緑色のアオタナゴがいます。漁師さん達は全てタナゴと呼び、三浦半島では普通にスーパーでも並んでおり、塩焼きや煮付けに調理されます。地魚料理店では、味がいいという点から特にオキタナゴを珍重します。

タナゴという名前は、淡水魚のタナゴに姿形が似ており、平たい魚なので「平魚《ひらたこ》」とか「平魚子《いらなご》」、手のひらみたいなので「掌魚《ひらたこ》」、タイに似てタイより小さいことから「鯛《たい》の子《こ》」などに由来してます。

このウミタナゴ、お腹の中で卵を孵化《ふか》させ、仔魚を産む卵胎生の魚なんです。梅雨入り前の五月には、大きなお腹をしたウミタナゴが、五センチ程の大きさの稚魚を、十数尾産むので、磯場などで透き通った生まれたてのウミタナゴの群れを見ることができます。ですから、安産のお

ウミタナゴ

焼きウミタナゴの煮付け

守りとして、タナゴを食べる習慣も、全国で見られ、東京湾側の横須賀などでも風習として残っています。

ウミタナゴは淡泊な白身なので、しっかり冷やされて身が締ったものを選びます。少し小骨が多いですが、二〇センチ以上の大きなウミタナゴなら、味わい深い刺身やタタキ、すり身にして団子汁も美味しいです。私なら、定番の塩焼きか一度焼いてから煮付けて雑味なしの白身を、是非、お試しあれ。

Fish's small talk

水清ければ魚棲まずという言葉があります。これは、水が非常に清く澄んでいると、かえって魚は棲みにくいということですが、孤高に生きる渓流のイワナなどは澄んでいないとだめですが、海では川から栄養が流れて、プランクトンが湧かないと魚はいないものですね。そう、人も清廉潔白や厳し過ぎると人が集まらない、寛大な思いやりが大切ですね。

籠舁鯛

KAGOKAKIDAI

馬刺しのような甘み

通年

散切りカットの背鰭《せびれ》と、黄色地に六条の黒い縦縞がある海の虎縞遮断機、そう、カゴカキダイです。

混獲魚として定置網にて水揚げされ、漁獲量が多い近年は、鮮魚として流通されています。関東では、特に色の付いた魚や、鱗《うろこ》の大きい魚は敬遠されます。そう、十数年前から旅館やホテルで、キンメダイのしゃぶしゃぶや鍋料理がでるようになりましが、当初は金魚と言われ、敬遠されていたんですからね。このカゴカキダイもカラフルな魚ですから、食材としての評価は先ですかね。

特徴的な黄色と黒色の虎縞ですが、黄色は光の屈折率が小さく、人の目には前方に飛び出し、大きく見える効果があります。この特性を利用し、JIS（日本工業）規格でも注意喚起色とされています。特に黄色と黒色の虎縞柄は、視認効果が高く、工事標識や踏みきりの遮断機などに使われています。イシダイでは個体判別に利用されているそうですが、最大でも二〇センチまでのカゴカキダイの虎縞柄は、海中で体を大きく見せたり、風景に溶け込む柄なのでしょうね。

カゴカキダイ

カゴカキダイの姿盛り

カゴカキダイ、刺身やにぎりでは透き通った白身で、皮目に乳白色の脂が差し込み、とろける甘みは馬刺しのようです。また、塩焼きであれば、内臓と鰓《えら》をとった後に二%塩水で数分間、血抜きを行い、これを強火で焼き上げると、脂の甘さを楽しめます。私なら、下処理した後に一度、熱湯をかけて汚れをおとし、濃い煮汁が沸騰したところに入れ、一気に炊きあげる煮付けにします。皮目の甘さを、是非、お試しあれ。

Fish's small talk

日本初の駅弁は、明治 18 年に宇都宮駅で竹の皮で包まれたおにぎりでした。現在では全国に 3000 もの駅弁があります。

笹の葉や竹の皮で包まれたます寿司や鯖寿司、蛤型の陶器入り弁当の千葉駅名物はまぐり丼、蛸壺の陶器に入った西明石駅のひっぱりだこ飯など、実に楽しく美味しいですね。

黒牛之舌

KUROUSHINOSHITA

定番はムニエルで

扁平なビーチサンダルのような魚体に、黒褐色の体色をもつ海の牛タン、そう、クロウシノシタです。

砂浜が続く沿岸に多く、小物用の刺し網や地引き網などで漁獲される、夏から秋が旬の白身魚です。

ウシノシタには、体表が赤色をしたアカシタビラメや、黒と黄色の縞々模様のシマウシノシタなどがいますが、相模湾で漁獲される大半はクロウシノシタです。

漁師さん達は、総称して舌平目《したびらめ》と呼ぶほか、市場では舌《した》とかベロなどと呼ばれることもあります。

一般に、魚の下処理には、アジやサバなどで行う三枚おろしや大名おろし、カレイやヒラメなどの五枚おろしなどがあり、いずれも包丁で骨から身をそぎ取ってから、皮をひいて落とし身にしますが、シタビラメの場合は実に簡単で、頭を切り落とし、包丁で皮に切り口を入れて、皮がつまめたら一気に引っぱってむきます。裏側も同様にむいてから、縁側部分になる鰭骨《ひれぼね》を切り落とし下処理が終わりになります。

そう、魚を選ぶ時には、身の厚いことを確認しましょう。魚の下処理

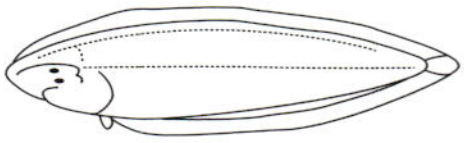

旬は
夏〜秋

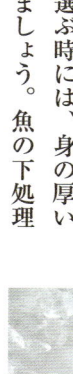

クロウシノシタ

クロウシノシタのフライ青のりソース

も楽ですし、味もいいのですよ。

クロウシノシタなら、唐揚げや塩焼き、定番のムニエルでケッパーを効かせたバターソースのほか、活け締めした鮮度のいいものを、刺身やカルパッチョにすると、甘みと弾力のある歯ごたえが楽しめます。

私なら、身の厚い魚を軽く小麦粉をまぶして唐揚げし、それをソテーして芯まで火を通します。目先をチョット変えて、青のりソースで濃厚な甘みを、是非、お試しあれ。

Fish's small talk

大きな河川の上流部で、水の流れの勢いを利用した簗《やな》。川に竹を並べた大きな簀《す》を掛け、ここに落ちる水をこして、簀の上にのこる魚を捕らえる漁法です。大井川、吉野川、魚野川などで、主に落ち鮎を狙っています。観光漁業として、魚に触れることも、食べることもできる、夏から秋の風物詩ですね。

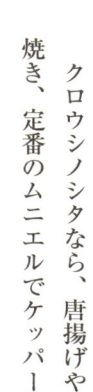

眼梶木

MEKAJIKI

長い上顎の大型魚

黒褐色の円柱形の魚体に、長くのびた上顎《うわあご》を持つ海の洋剣、そう、メカジキです。

　メカジキは、世界中の温帯から熱帯に分布し、大きなものだと全長四、五メートル、体重が三〇〇キロにもなりますが、多くは二メートル程です。延縄《はえなわ》や曳縄《ひきなわ》のほか、突きん棒で漁獲される、一年を通じて美味しい大型魚です。

　特徴的な突出した上顎は、断面が平たく、しかも体長の半分もの長さがあり、それを餌となるイカや魚に向け、水平方向に振って切りつけて食べる荒っぽい魚です。このように危険な魚ですから、漁師さん達は釣り上げたら直ぐに、尖った上顎を切り落としてしまいます。

　ちなみに突きん棒漁とは、晩夏のころ、海面から背鰭《せびれ》を出して泳いでいるメカジキを見つけ、船で追いかけてモリで突く壮観な漁です。使われるモリは、刺叉《さすまた》の様な形状をしており、見事魚に突き刺さると、ヤリ先の針から電流を流して仕留めるのです。

　話しは変わりますが、以前、狂牛病が騒がれたとき、欧米で需要が著

（独立行政法人　水産総合研究センター　提供）

通年

メカジキ

メカジキのしゃぶしゃぶ

しく伸びたのが、このメカジキです。白色からピンク色で、脂肪が多いものだと四〇%にも達し、ステーキでおいしく食べられますからね。

メカジキは、粕漬けや照焼、ハーブを効かせたステーキのほか、コリッとした刺身やお寿司も流行です。私なら、薄切りしたメカジキの切り身で、しゃぶしゃぶにします。昆布や鰹ダシもいいですが、海鮮白湯スープでしゃぶしゃぶして、薄味の胡麻ダレで、是非、お試しあれ。

Fish's small talk

メカジキは太平洋の水域に多く、宮城、北海道、岩手、鹿児島、福島、三重で多く漁獲されています。

漁法としては、延縄《はえなわ》、カジキ流し網、突きん棒などが主に操業されています。

日本の沿岸で漁獲されるものは、生の切り身として並び、大きなものが美味しいです。

黒梶木

KUROKAJIKI

鮮やかに体色変化

槍のように長く尖った上顎《うわあご》で、イカやカツオなどの獲物を殴り倒し、一気に飲み込む海の四番バッター、そう、クロカジキです。

クロカジキは、太平洋やインド洋の熱帯、亜熱帯の海域に分布し、太平洋岸でも夏頃に見かけ、主に延縄《はえなわ》漁や突きん棒漁で漁獲し、定置網にも混獲される大型魚です。市場ではクロカワとも呼ばれ、カジキ類の中では最も大型で、なんと五メートル、九〇〇キロにも達しますが、最近は大きくても三メートル程です。

このクロカジキ、釣り上げられて、とどめを刺されると、体色が鮮やかなコバルトブルーに輝くことから、英名で blue marlin と呼ばれます。そして時間の経過とともに真っ黒な体色に変化して水揚げされるので、日本ではクロカワとも呼ばれます。海外では、釣りのターゲットとして、大きな大会も開かれるほど大変人気があるのですが、食べることは殆どなく、香辛料を効かせたステーキがある程度です。しかし、日本では、三崎の伝統加工品である味噌漬や粕漬のほか、魚肉ソーセージなどで食べられてきました。この食べるとい

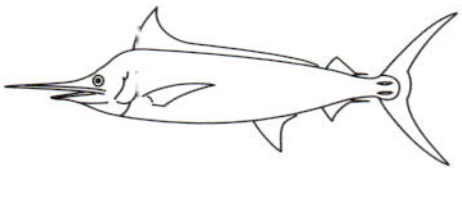

通年

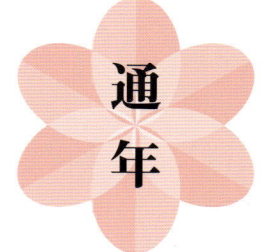

クロカジキ

クロカジキのジャーキー

う点で、その時の色が違い魚名の付け方に差が出るのですね。

沿岸で漁獲されたクロカジキは、餌を充分に食べて、脂肪がのり、刺身でもいけますが、外洋で漁獲されたものは、脂肪分が一%未満しか含まれず、加熱すると非常に硬くなる特徴がありますよ。

辛子が効いた島寿司やステーキ、旨味成分のイノシン酸やグリシンが多い冷薫をビールやカクテルのおつまみに。是非、お試しあれ。

Fish's small talk

ヘミングウェーが書いた「老人と海」に出てくる、老サンチャゴが死闘をくりひろげた巨大なカジキですが、ずっとクロカジキ（ブルーマリン）だと思っていました。でも、釣り上げられた後、死んで白っぽくなっていくところからシロカジキ（ブラックマーリン）なんだとある研究者が話してましたよ。

虫鰈

MUSHIGAREI

虫喰い模様の斑点

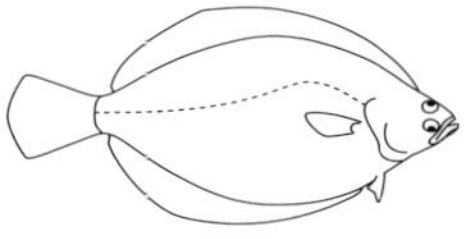

旬は冬

淡い黒褐色の薄っぺらな体と、虫に食われたような、円形の大きな斑紋がある海のマウスパット、そう、ムシガレイです。

ムシガレイは、マコガレイやメイタガレイのようなおちょぼ口とは違い、ヒラメのように大きな口と、鋭い歯を持っています。体はとても薄っぺらで、表皮からは透き通った筋肉の先に、骨や内臓がよく見える程です。大きなものは、体長が四〇センチ程に達しますが、実はその大きさになるまで、十年もの年月を経ているのです。

名前の由来は、側線を挟んで三対の大きな黒褐色斑紋があり、その斑紋が虫喰いの模様に見えるからです。

このムシガレイは、肉質がやや水っぽいため、東北や関西、日本海側では「ミズガレイ」と呼ばれ、各地で名産品の塩干が作られています。特に、一夜干しの絶品として有名な「若狭ガレイ」は、ササガレイと呼ばれる近縁のヤナギムシガレイが原料になっています。ちなみに、こちらは、笹の葉のようにスマートな魚体であることが名前の由来となっています。

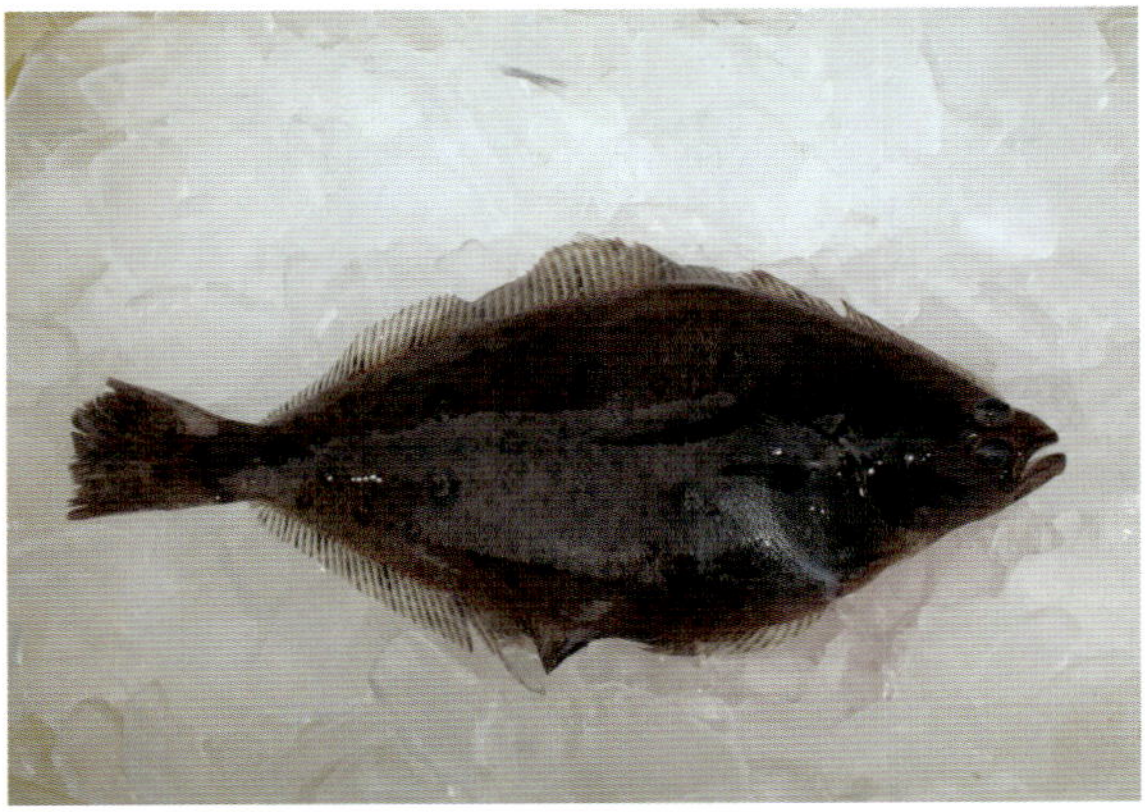

ムシガレイ

ムシガレイの干物

一夜干しで見かけるムシガレイですが、朝市や産地の鮮魚店なら鮮魚でも販売されています。あっさり味の煮物や、焼いてから潮汁にしたり、割と身の厚めの魚ならば、昆布締めにして刺身でも頂きます。

私ならば、とにかくあっさり塩焼きが一番です。真っ白な身は淡白ながらも、コクも甘みも上品な味わいがあり、シルクのような舌触りで口の中をくすぐられる幸せを、是非、お試しあれ。

Fish's small talk

かれい類の干物は北海道や東北、山陰などで多く作られています。イテガレイとかエテガレイ、又は白カレイと称するソウハチガレイ、水かれいの干物はムシガレイ、若狭かれいや笹かれいはヤナギムシガレイです。ちなみに有名なてべらの干物は、タマガンゾウビラメというヒラメの仲間です。

夢笠子

YUMEKASAGO

別名は「ノドグロ」

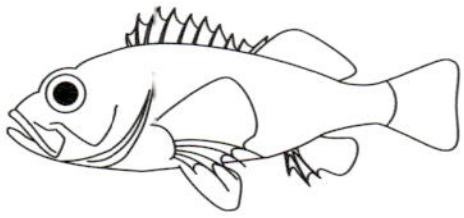

旬は冬

鮮やかなオレンジ色の魚体には、黒色の小さな斑点と、数本の横帯のある海のフラメンコダンサー、そう、ユメカサゴです。

水深一〇〇～二〇〇メートル程の底釣りで漁獲され、体長も最大で三〇センチ程ですが、市場に並ぶのは二〇センチ程の大きさです。遊魚では、イズカサゴやオオメハタなどと共に釣れる魚で、特に口の中が真っ黒な特徴から、ノドグロカサゴと言われます。そう、全国にノドグロと称される魚は多く、アカムツやサヨリなども呼ばれます。

ところで、パエリアなどに使われるサフランには、ほろ苦いような独特の風味のピクロクロシン、鮮やかな黄色色素のクロシン、そして独特の芳香を放つ芳香精油成分のサフラナルが含まれていて、これらは、認知症や不眠症、鎮静薬として漢方薬でも広く使われています。

このサフラン、母親の病気に良いということで、明治の頃、大磯町に住む添田辰五郎氏によって、日本で始めて商業栽培されました。そうそう、一グラムのサフランを得るには、一五〇個以上の花の雌しべが必要な

ユメカサゴ

ユメカサゴのソテー、サフランスープ仕立て

んですよ。

白身でプルプルの身をしたユメカサゴは、刺身、煮付け、唐揚げなどが美味ですが、私なら色鮮やかなサフラン風味のスープで頂きます。タマネギとニンニクを炒めたブイヨンスープに、炒めたユメカサゴと、お湯で色出ししたサフランを加え、最後に塩で味を整えます。黄金色のスープと独特の香りで食欲中枢が刺激され、ユメの世界へ。是非、お試しあれ。

Fish's small talk

サフランの品質は、クロシン、ピクロクロシン、サフラナルの成分量と含水率で決まります。特にクロシンとピクロクロシンは含有量が高い程良く、三つのカテゴリーに分類されます。良いサフランとは、すべて赤色あること、強い芳香がありカビ臭が無いこと、そしてよく乾燥していることが重要です。

鯔

BORA

六〇以上ある呼び名

旬は
秋〜冬

体はほぼ円筒形で、背面は灰青色で腹面は銀白色。そしてカラスミで有名な泳ぐ一升瓶、そう、ボラです。

古い書物には多く登場し、ボラとは「腹の太きものとの意味である」と紹介され、事実、お腹に卵を持つと、なんと体の三分の一の大きさにも達するんです。

あまり魚屋さんで見かけることがないボラですが、各地で呼名がいろいろあり、その数が六〇以上とブリに次いで多く、出世魚として正月の祝魚ともされています。関東でも、オボコ、イナッコ、スバシリ、イナ、ボラ、トドと、大きさにより、こんなにも名前があるんですよ。

江戸の言葉に、「いなせな」という言葉がありますが、これはボラの若い時の「イナ」の背と、日本橋の魚河岸に集まる威勢の良い、若者達の髷《まげ》の形が似ていて、斜に構えたちょっと粋な、そして元気がいい様子をいうんですね。それから、大きなボラは一メートルにもなり、これをトドといい、いわゆる「トドのつまり」という例えの語源にもなっています。

河口から離れた海で、しかも寒い

ボラ

ボラのカラスミのカナッペ

時期の「寒ボラ」は、タイの身の様に透明感があり、シコシコと食感が強くて、刺身で大変美味しいものですよ。また、一〇月になると、雌はお腹一杯に卵を持ち、その卵巣を、塩漬けと塩抜きを繰り返した後、干すと「カラスミ」になります。

私なら、塩戻ししたカラスミを、焼いたパンにホワイトソースと合わせ、バスケットにします。ねっとりした食感と、ウニを彷彿させるコクは絶品です。是非、お試しあれ。

Fish's small talk

梨園染めには、藍色の地に細かく列で並んだ三日月型の白色抜きと、白地に藍色の小さな丸が整列した二柄ので一枚の手ぬぐいがあります。魚河岸の粋な若衆の間で流行したことから、「粋でいなせな」と威勢がよく粋であるという意味に転用され、江戸町人の美意識を表してる言葉として使われます。

似鱚

NIGISU

あふれる庶民の味

透き通るような銀白色で、細長い体に大きな目と下顎《したあご》が長い、海の銀色ペン、そう、ニギスです。

ニギスは、水深五〇〇メートルより浅い砂泥域に生息し、幼魚期には水深一〇〇メートル程の大陸棚などに分布、動物プランクトンや小さなイカ、小魚などを食べています。この魚の特徴の一つに、春と秋の二回産卵期があることも知られています。

鱗《うろこ》は大きくて剥がれやすく、体長も最大で二〇センチ程になりますが、水揚げされるものは一〇～一五センチ程が多いです。

ニギスは、その体型がシロギスに似ていることが名前の由来となっています。ただし、口先が尖った感じや、鰭《ひれ》が小さいこと、そして、背側に薄暗色の斑点があるので、見間違うことはありません。

日本海側では、底引き網漁業が盛んで、このニギスも鮮魚として普通にスーパーで並びますし、加工品の一夜干しも一般に売られています。

時々、メヒカリと呼ばれる眼がエメラルドグリーンに輝く、ハゼの仲間のアオメエソの一夜干しと、このニギスの一夜干しとが混同されている

旬は冬

ニギス

ニギス丸干し焼き

ニギスなら、しっかりとした身の鮮魚を刺身や塩焼き、天ぷら、煮付け、塩鍋などで頂きます。特に肉厚の一夜干しなら、身の水分が飛んで硬くならないようにさっと焙って。くせがなくジューシーな甘味を感じる旨味と、以外にも脂があって、口の中に溢れる庶民の味を、是非、お試しあれ。

ことがあります。種類が違うほかには、脂ののりや旨味の感じが違いますよ。

Fish's small talk

にぎす類は日本海側で多く、石川、島根、新潟で漁獲される他、太平洋側の愛知、兵庫、高知でも多く漁獲されています。

漁法としては、各種の底引き網が操業されています。

富山では、不揃いの大きさのニギスを用いて、風味の良い魚醤油も作られています。

縞鰹

SHIMAGATSUO

クセのない上品な味

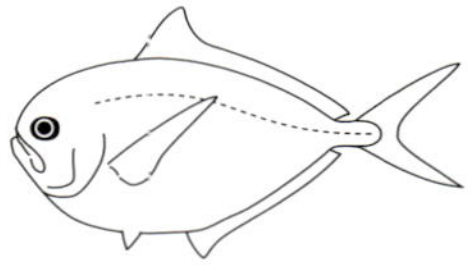

旬は冬

薄い卵形の魚体に、硬くて剥がれない鱗《うろこ》で覆われた漆黒のしゃもじ、そう、シマガツオです。

シマガツオは、水深二〇〇〜三〇〇メートルあたりから、八〇〇メートルもの深海部にも生息し、体長は最大では五〇センチ程になりますが、多くは三〇センチ程の大きさです。

深海から釣り上げられても、口から鰾《うきぶくろ》が飛び出ず、数十気圧の変化に耐えられ、遊漁でもその引きの強さで人気があり、かかってからは海面までずっと暴れ回りますよ。釣り上げた時は、銀白色ですが、次第に真っ黒に変色します。

昭和初期まで、シマガツオは、かまぼこなど練り製品のすり身原料として利用されていましたが、一九三五年頃、この相模湾で大量に漁獲され、鮮魚で一般の食卓にあがるようになりました。同じ頃、国際的なロマンス話で新聞を賑わせていた、エチオピアの皇帝ハイレ・セラシェの話題もあったことから、一般には珍しいこの魚の別名として使われるようになりました。

そうそう、横浜中華街にある「よしもとおもしろ水族館」を運営して

シマガツオ

シマガツオの揚げ物２種

いる吉本興業が、シマガツオの仲間であるマンザイウオに懸賞をつけて探していたこともありましたね。この魚は生態もよくは知られておらず、漁獲量自体は非常に少ないのです。

シマガツオは、刺身ではちょっと味が足りない感じですが、クセのない上品な白身なので、ムニエルやフライ、煮付けなどで頂きます。冬が旬でお手頃な魚ですので、サクサクに揚がったフライをタルタルソースやゆずポン酢で、是非、お試しあれ。

Fish's small talk

食欲が落ちる夏に、焼魚の身をほぐして味噌を加えて、冷やしてからご飯にかけて食べる郷土料理があります。宮崎の“冷や汁”では新鮮なアジに胡麻と麦味噌を擂り、冷たいダシで溶いてキュウリや大葉を和えて 温かい麦飯にかけます。また、愛媛では白身魚で同様に作る“さつま”もあります。疲れた体に優しい食事です。

部鯛

BUDAI

老いて雄に性転換

大きな鱗《うろこ》に、赤、青、橙色のヨーロピアンファッションを決めた海のデザイナー、そう、ブダイです。

英名では、オウムを指す言葉のパロットを含んだparrotfishと呼ばれ、細かい歯が板状に癒合したようになっており、まるでオウムやインコのくちばしのように一体化しています。咽頭部にも歯を持ち、硬いものも粉々に砕いて食べることができるのです。

夏の頃は、岩場のカニなどを食べ、冬には岩にはえるハバノリなどを主食にしています。夏には独特の磯臭さを持つブダイですが、旬の冬には臭みがなく、軟らかい筋肉もしっかりと引き締まり、活け締めしたものなら最高の旨さを味わえます。

このブダイの仲間にはおもしろい習性があって、夜になると岩の間に隠れ、口から出した粘液に包まれる格好で、その粘液の寝袋に入って寝るんです。また、幼魚と成魚、それから雄と雌とで体色が異なり、銅色やコバルトブルーなど、派手な色どりのモザイク模様もあり、個体による差が非常に激しいのです。また、成熟して老いてくると、雄に性転換

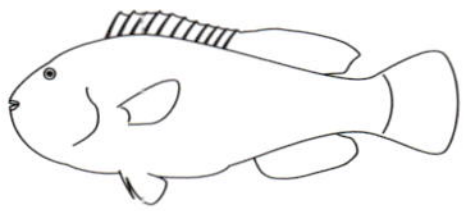

旬は冬

ブダイ

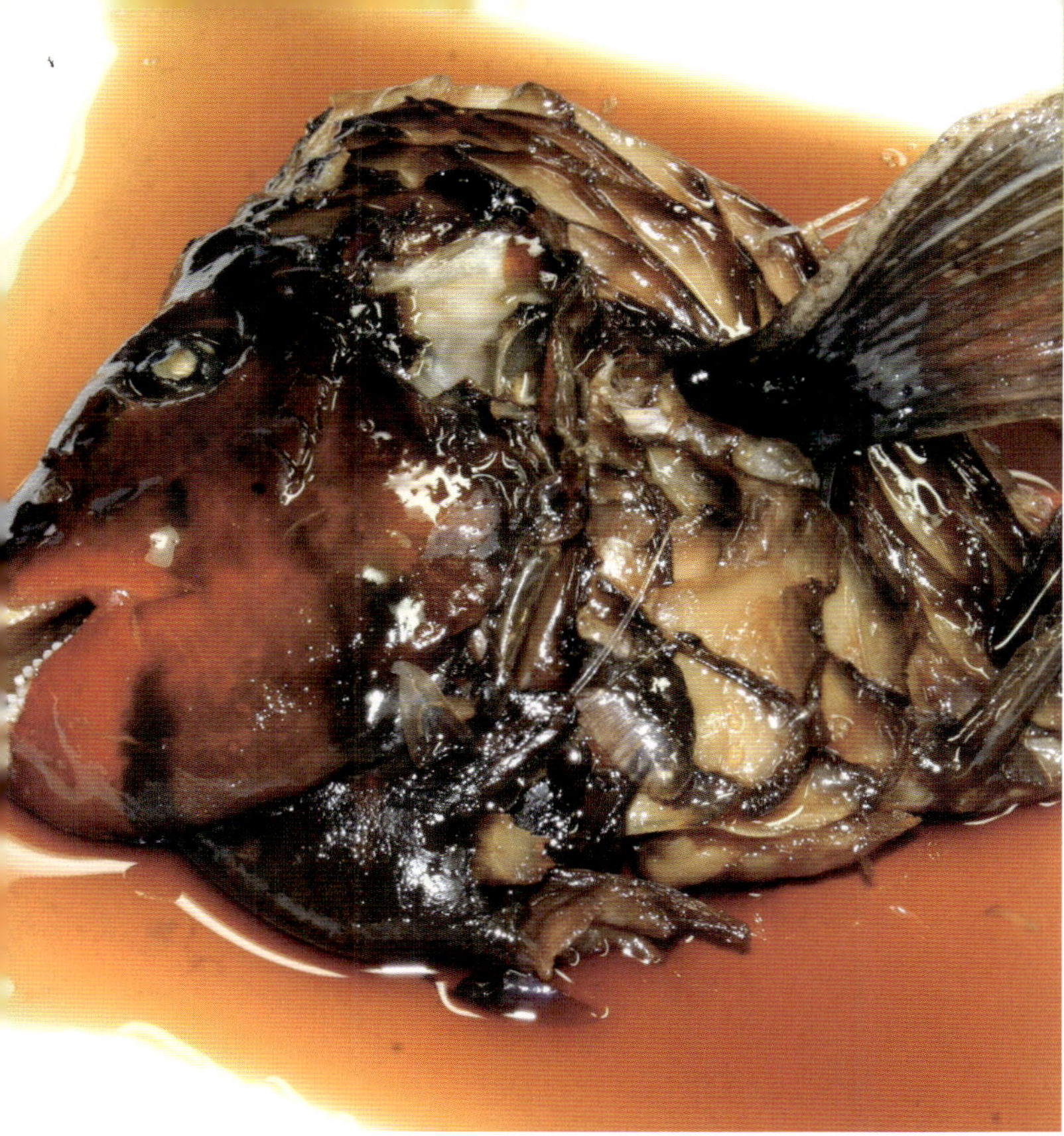
ブダイの煮付け

をするんですよ。
ブダイというと煮付けが定番ですが、皮下の甘みと旨味を引き出した

刺身や鍋もお薦めです。刺身では皮をひかず、湯引きか焙って松皮造りにし、肉厚に切ってダシの利いた醤油で頂きます。また、昆布ダシを利かせた塩味のちり鍋では、ブダイの上品な白身に甘みを感じ、ほどけるように溶けるので、口いっぱいに頬張る幸せを、是非、お試しあれ。

Fish's small talk

沖縄の長寿食として、海藻を日常から摂取してます。沖縄の料理に欠かせないコンブは、全国でもとても多く消費されます。その他に、ヒトエグサを使ったアーサ汁、モズクの天ぷら、エメラルドグリーンの粒々をもつ海ぶどうと呼ばれるクビレヅタなど。ミネラル豊富な海藻を上手に食事に取り入れましょうね。

赤藻屑

AKAMOKU

沿岸で冬から繁茂

旬は
冬〜春

ガスの入った気胞を持ち、その浮力で海面まで垂直にそびえる海の針葉樹林、そう、アカモクです。

褐藻植物であるアカモクは、長い茎を持つツタ状で、成長すると一〇メートルにも達します。特徴的なのは、円柱形の気胞とその先端にギザギザの縁をした、ノコギリ状の葉を持つのです。そう、晩春の頃になると、このアカモクは枯れて赤茶けることが名前の由来となっていますよ。

主に東北や北陸で食べられるのは柔らかい若芽で、ギンバソウやナガモ、ギバサなどと呼ばれ、乾物や加熱処理品の冷凍を売っています。

厳しい冬の日本海沿岸では、季節風や波浪の影響で、ワカメなどの柔らかい海藻が育ちにくいことから、アカモクが珍重されています。

このアカモクの主成分には、モズクなどで知られているフコイダンが多く含まれています。フコイダンは、硫酸化フコースなどを主成分とした粘性多糖類の総称で、コレステロールや血圧の上昇抑制、抗潰瘍・抗ガン作用、抗ウイルス・抗菌作用などの効果が知られ、多くのサプリメントが作られています。

アカモク

アカモクのきざみ

アカモクは、若い芽を八〇℃程の熱水で湯どおしし、細かく刻みます。原藻を朝市などで購入したなら、汚れや付着しているコケのような藻などをとり、加熱し細断して小分けにし、冷凍して保存しとけば、ずっと楽しめますよ。

シャキシャキした触感とフコイダンのたくさんのヌメリが特徴で、酢の物や味噌汁、ご飯にかけますが、やっぱり麺類にのせて、甘みのあるスープと、是非、お試しあれ。

Fish's small talk

もずくの大半は沖縄で養殖されて、太めで柔らかい食感のオキナワモズクです。佐渡では太めでシャキシャキ歯応えのある「男もずく」と呼ばれるイシモズク、毛のように細い「花もずく」とか「女もずく」の名前で売られるモズクがあります。日本海側に多く自生しており、海藻の食文化も豊富です。

昆布

KONBU

軟らかく煮物向け

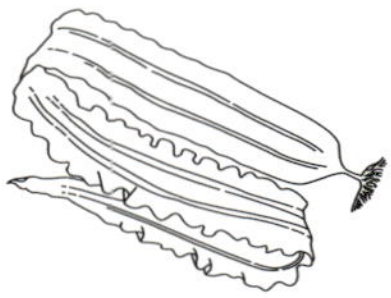

旬は
冬～春

水温の低い海に、幅広の長い葉を漂わせ、祭事の縁起物に使われる漆黒の帯、そう、コンブです。

相模湾には天然のコンブはありませんが、マコンブ種苗を北海道より取り寄せ、水温の低い冬に半年ほど養殖し、ダシ用ではなく煮物用の早煮コンブの名称で生産されています。

コンブの名前の由来は、アイヌ語の水中の石に生えた草の意味である「こむぶ」とか、古名である広布《ひろめ》を音読した「こうふ」とか、中国の古書に書かれていた綸布《かんぷ》を「こんぶ」としたことなど、諸説あります。

成熟したコンブの表面には、子嚢班という黒色のブツブツがあり、鞭毛をもつ遊走子が泳ぎ出ます。この微小の遊走子は、雄と雌の配偶体で、糸に付着させて培養します。雌は卵子、雄は精子を作り、受精するとコンブの赤ちゃんの胞子体になります。それを太いロープに巻き付け半年ほど海で育てると、あっという間に二、三メートルに育ちますよ。水温が二〇℃以上になる五月以降は、枯れてしまいますので、三～五月までに刈り取ります。ちなみに、ダシ用になるには、二～三年育ったコン

コンブ

コンブの早煮

ブだけで、殆どが北海道産ですね。

乾燥コンブの表面に吹き出した白色粉は、多糖類であるマンニットで、水に溶けやすく、さわやかな甘みを持っています。他粘性のあるアルギン酸や、菊田博士が見つけた旨味のグルタミン酸が含まれています。

早煮コンブは、柔らかく程良いコンブの香りがあり、茹でると色鮮やかな緑色になります。炊き込みご飯やあっさり煮付けで口がヨロコンブを、是非、お試しあれ。

Fish's small talk

こんぶ類は北日本の水域に多く、北海道、青森、岩手で多く水揚げされるほか、宮城や神奈川でも養殖されています。

漁法としては、「かぎさお」や「ねじり」などの道具を使ったこんぶ漁、採藻や潜水器漁業などが操業されています。

幅海苔

HABANORI

磯のチョウネクタイ

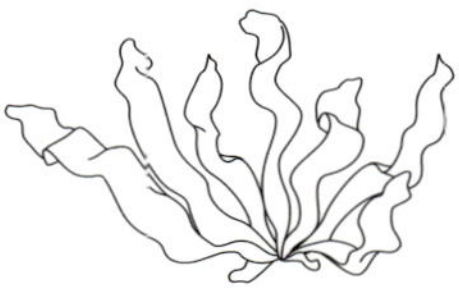

冬から初春に、波の荒い外海の岩の上に、小さなコンブのように群生する岩の蝶ネクタイ、ハバノリです。

波あたりのよい、引き潮で顔を出す岩場などに生育し、全て天然です。潮が引いた干潮時に、漁師さんによって刈り取られ収穫されます。刈り取られたハバノリは、水洗いされて簀の子に板状に広げられ、二日間ほど天日干しされ、「ハバ」として売られます。特に上物といわれるものは、干潮時に海面上に出た岩場に生えたもので、波や寒風に鍛えられ、香りも歯ごたえも抜群です。

海藻はその色合いから、三種類に分けられます。緑藻は色素として、クロロフィルａ、ｂを含み、きれいな緑色です。青のりで売られているスジアオノリやヒトエグサ、海ブドウのクビレヅタがその仲間です。

褐藻はクロロフィルａ、ｃの他に、キサントフィルという黄褐色の色素を含んで褐色をしています。この仲間にはワカメにコンブ、ヒジキやモズク、そしてハバノリが含まれます。

紅藻は、クロロフィルａの他に、フィコビリンという紅色の色素を多く含み、板海苔《いたのり》の原料のアサクサノ

旬は冬

ハバノリ

ハバノリご飯

リや、サラダに使うトサカノリなどが分類されます。

ハバノリは、軽く焙ってから雑煮に入れたり、磯辺餅にするほか、ご飯にかけて食べられています。焙るときには、直接火にさらすと焦げやすいので、揉みほぐしてフライパンでから煎りするのがお薦めです。黄色に変わったところで、白飯と混ぜ、醤油をかけていただくと、三杯は頂けますよ。ふくよかな香りと醤油の風味で、是非、お試しあれ。

Fish's small talk

佐渡島には“いごねり”という紅藻類イギス科のエゴノリを乾燥し、煮溶かして固めた寒天と異なる柔らかな食感の伝統食品があります。一般には巻きエゴを細く切り、刻みねぎなどを乗せて醤油をかけて食べます。

長野や山形で“えご”“いご”京都の“うご”福岡の“おきゅうと”などもあります。

地場産の野菜と魚を家庭の料理に

飯塚　洋子
（神奈川県食生活改善推進団体連絡協議会前会長）

私たちの団体は、食を通しての健康づくり活動をしているボランティア団体です。「おいしく　楽しく　健康に」をスローガンとして、年間を通して子供から高齢者と年齢問わず、地域に根ざした各種料理講習会を開催し、地場産の野菜やお肉、そして魚を料理し食べることで地産地消の推進も行っています。

魚の入手には毎回苦労があり、天候によって価格が大きく違ったり、その魚があるか分からない事もしばしばです。なので、どうしても野菜やお肉を使うことが多くなります。

数年前から県の事業で私たちの団体は、魚のさばき方や色々なお話を聞く研修を受けられるようになりました。魚はイメージ的に体にいいと思っていますが、アジとかは調理しますが少し大きな魚だと慌ててしまいます。でも、少しの技術で慌てずにでき、さらに内陸部の団体にも魚料理の講習会が実施されて大変良い経験をさせて頂きました。

私たちも子供達に様々な料理教室を行っていますが、子供達は自分で作ると、嫌いなものでも食べるんです。ですから、子供を持つお母さん方も、調理技術を少し身につけて、苦手な食材を克服し、健康的な食生活をおくれるようにと思います。

2
お祝い・高級魚

虎河豚

TORAFUGU

冬が旬の高級魚

青緑に光る褐色の背と純白な腹を細かな棘《とげ》で覆った海の危険な宝石、そう、トラフグです。

トラフグは、胸鰭《むなびれ》のすぐ後に大きな黒紋があり、尻鰭が白く、大きなものでは七〇センチにも達しますが、よく見るのは三〇センチ程の大きさです。

よく似たフグに、黒紋がなく尻鰭が黒いカラスというフグがおり、天然魚でもトラフグとカラスの交雑種が見られ、区別が難しいそうです。現在では、ミトコンドリアDNAから、種の判別ができるようになりましたので、切身一つからでも分るのですよ。

トラフグの卵巣と肝臓には強い毒があるので、三枚おろしをする前に、その毒のある部位を先に取り除く「身欠き」を行います。頭部を切り、背鰭や胸鰭を切り取ってから、全体の皮を引っ張って剥ぎます。そして、傷つけないように内臓を取り出し、洗ってから三枚におろします。頭部は半分に割って眼球を取り出し、表皮の細かな棘を除去する「皮むき」をします。そう、白子は食べられるので、雄を選びたいのですが、外見

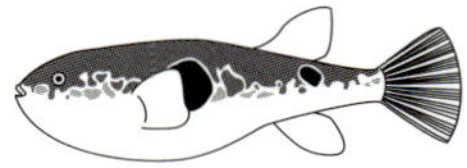

旬は冬

トラフグ

トラフグの薄造り

ではフグの雌雄の差はないのです。でも、フグ専門の養殖業者や問屋では、ちゃんと分けて出荷しており、経験で見分けるのでしょうね。

トラフグなら、身欠きを一日寝かしてから、皿模様が透ける薄造り、骨付きの唐揚げに白子の唐揚げ、定番のふぐちり。干したヒレや中骨を焙ったひれ酒や雑炊も絶品です。ただし、フグの調理を行えるのは、フグ調理師だけですからね。大枚持って、是非、お試しあれ。

Fish's small talk

落語で“ふぐ鍋”という噺があります。そこには「フグは食いたし命は惜しい」という一節があり、昔から美味しい食べ物として世間に知られていたようです。フグの肝はダメだったとか、皮はダメだったとか最後の言葉を残して、次に食べる方への伝承があったそうですよ。

赤魚鯛

AKOUDAI

きめの細かい白身

大きな口と大きな目を持ち、頭部には硬くて大きな棘《とげ》を持つ深海の赤い提灯、そう、アコウダイです。

アコウダイは、深場に住むメバルの仲間で、五〇〇メートルから一〇〇〇メートルもの深海に生息しています。大きいものでは、体長が八〇センチ、体重も一〇キロ近くになる大型魚です。

鮮やかな赤色をしていることが、アコウダイの名前の由来ですが、アカウオと呼ばれたりもしました。また、水圧の高い深海から釣り上げられると、鰾《うきぶくろ》が口から飛び出し、眼球がパンパンに膨れ上がって、飛び出してしまうことから、市場ではメヌケとも呼ばれています。

遊漁でも人気の対象種で、二〇〜三〇本の枝針をつけた仕掛けで、何尾もかかるまで待ってから釣り上げます。釣り上げられ、水圧が低くなると、鰾《うきぶくろ》が口からはみ出るほど大きくなって、その浮力で海面に浮き上がってしまうのですが、その様子を特に漁師さん達は、提灯行列と呼んでいます。

アコウダイは成長が遅いこと、釣れるポイントが狭くて少ないことか

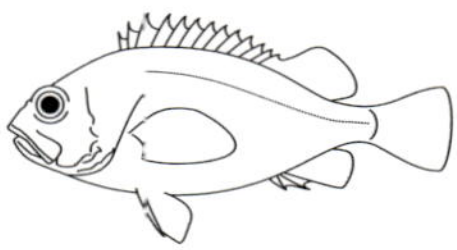

旬は冬

アコウダイ

ら、漁師さん達は、同じポイントで釣らず、約一〇年漁場を静かに休ませるそうです。深海の生物は成長が遅いですから、根こそぎ釣ってしまわないようにしているのですね。

アコウダイなら、皮と身の間の甘みとゼラチン質を堪能しなくては、旨味が半減します。ですから、皮付きの湯引きか焼き霜造りの刺身、また一、二日寝かして旨味を増させたものを、鍋や煮付け、味噌汁で。とろける舌触りを、是非、お試しあれ。

アコウダイの煮付け

Fish's small talk

富山のタラの鍋、青森のじゃっぱ鍋、山形のどんがら汁と、冬の日本海側ではタラやスケトウダラを使った郷土料理があります。特徴は内臓や頭、骨などのアラから旨味を引き出すことです。ちなみに、アラのことを青森ではじゃっぱ、山形ではどんがらといい、丸ごと一尾味わい、食材を無駄にしない料理でもあるのですね。

縞鯵

SHIMAAJI

高貴な高級食材魚

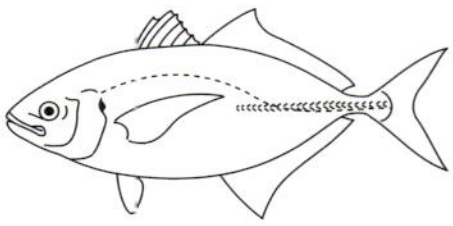

旬は夏

卵の様な楕円形に、体側の中央に幅の広い薄黄色線が走る、高級寿司の幻魚、そう、シマアジです。

シマアジの名前の由来は、伊豆諸島の島周りに居るアジということから〝島鯵《しまあじ》〟、または幼魚の体側に黄色い縦縞があるので〝縞鯵《しまあじ》〟となったといわれています。

シマアジは潮通しの良い岩礁域や、島嶼《とうしょ》部に生息し、特に伊豆諸島では、一〇キロを超す「おおかみ」と呼ばれる大物を狙った釣りも人気です。

最大で一メートルに達するシマアジですが、体長三、四〇センチの一、二キロ程のものがとても美味しいです。

高貴な高級食材魚として、その容姿も味わいも、その名声は華々しく、アジ類の中で最も美味であり、市場での価値はマダイやヒラメ以上です。

人気の和食に、にぎり寿司があります。この料理が誕生したのは一九世紀初め、東京がまだ江戸と呼ばれた頃で、歌舞伎場や繁華街に屋台などの外食産業が軒を並べていました。その中で手軽に食べられるファストフードとして、このにぎり寿司が世に登場したのです。特に、江戸

シマアジ

シマアジの刺身

前といわれる東京湾の魚介類を使ったことから、江戸前寿司と呼ばれました。その後、寿司商の華屋与兵衛が改良し、美味しさと簡便さから評判になり、東京の寿司職人達が全国に広めていったのです。

程良く脂ののったシマアジなら、刺身と寿司が一番です。ゴリッとした歯応えと、口に広がる甘みのある旨さは、他の追随を許しません。島料理である醤油漬けの辛子風味の島寿司でも、是非、お試しあれ。

Fish's small talk

熱燗にさっと焙った魚を入れて、風味を楽しむお酒があります。イワナやカジカの焼き干しを焙った骨酒、トラフグなどのひれ酒が有名です。その他、脂が少ない白身で骨からダシが出るシロギスやカサゴなども、干して焙るか、じっくり焼いて熱燗に入れ、塩味を調整すれば豊穣なスープ酒になります。

甘鯛

AMADAI

身甘く極上の美味

おでこの張った大きな頭と、目の後ろに逆三角形の銀白色斑紋が特徴の雅な京の魚、そう、アマダイです。

アマダイには、赤、白、黄の三種類がおり、白と黄はとても漁獲量が少なく、漁獲の殆どがアカアマダイで、大きさも三〇センチ程までの小振りな魚体が殆どです。

アマダイの名前は、その身の味わいが甘いからとか、きわめて美味な魚で、甘《うま》しという言葉が由来です。関東では漁獲量も少なく、一般的な料理もないのです。ですが、西日本では漁獲量も多く、様々に工夫した料理で食べる食文化があり、様々な呼び名が付いています。関西ではグジや屈頭角《くづな》のほか、ビタやタズ、タジなどの呼び名があります。

アマダイは、白身で水分の多い柔らかい肉質なので、そのままでは美味しくありません。そこで水分を上手に抜き、旨味を引き出す工夫をしてから料理されます。

有名な料理に、酒焼きの一種である若狭焼きがあります。鱗《うろこ》を取らずにひと塩した身を、醤油ダレを重ね塗って焼き、上手に焼けると鱗が立たず、香ばしいのです。

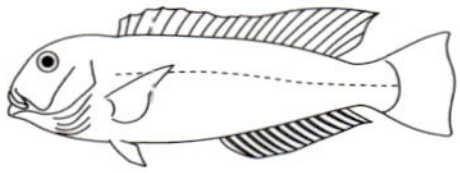

旬は
秋〜冬

アマダイ

アマダイの一汐干し、若狭焼き

静岡には家康公が名付けた、一汐干しの「興津鯛《おきつだい》」もあります。奥女中の興津の局が贈った一夜干しが、たいそう美味しかったことから名付けられたのです。

アマダイならば、昆布締めの刺身や椀物、酒蒸し、骨蒸しなどのほか、西京漬けや一夜干しと、伝統料理が沢山です。私なら、ひと塩したアマダイを若狭焼きにします。程良く焦げた皮の香ばしさと身の旨さを、是非、お試しあれ。

Fish's small talk

あまだい類は東シナ海、日本海西区で多く、長崎、山口、島根のほか、石川や福井で多く水揚げされています。

漁法としては、延縄《はえなわ》、刺し網、底引き網、そして釣りが主に操業されています。

間八

KANPATI

秋が旬の「ブリ族」

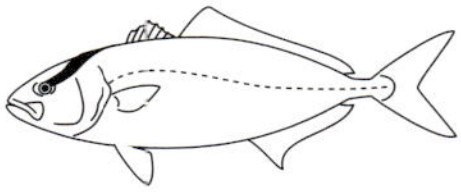

旬は秋

琥珀色の大きな体色に、体側中央を頭から尾まで一本の黄色い線が縦走する海の高速タクシー、そう、カンパチです。

カンパチを真上から見ると、背鰭《せびれ》から、左右の目を通って、黒緑色の帯が走っており、それが漢字の八に見えることが名前の由来です。

南方系の魚であるカンパチは、成長によりババ、シオ、カンパチ、アカハナと、九州や四国では呼ばれる出世魚で、大きなモノでは体長が二メートル、体重一〇〇キロにも達します。秋になると黒潮に乗って、三〇センチ位の幼魚が相模湾にも来遊し、汐っ子《しょっこ》又は庄子《しょうご》と市場では呼ばれています。

伊豆諸島では水源が乏しいため、ワサビは育ちませんが、アブラナ科のカラシは育ちます。そして島周りで漁獲されるマグロやカジキ類、カンパチの切り身を、このカラシ醤油で漬込み、有名な島寿司《しまずし》という丸っこいにぎり寿司にします。

和辛子にはシニグリンが含まれ、水と酵素のミロシナーゼの働きで、揮発性のある辛味成分のアリルイソチオシアネートが作られます。粉辛

カンパチ

カンパチのづけ丼

子や粉山葵を水で溶き、辛味と鼻腔に抜ける香りがあるのは、この反応が起こるからで、刺身のつけ合わせとしてピッタリです。

カンパチは刺身や寿司に欠かせない、透明感のある身で、高級感を漂わせ四季を通じて高いものです。私なら、少し厚切りのカンパチを、辛子醤油で一〇分程漬け込み、熱々の銀シャリの上に並べていただきます。山葵とは違ったカンパチの魅力を、是非、お試しあれ。

Fish's small talk

カンパチの養殖は、鹿児島が全体の半分を担い、高知、宮崎、愛媛、香川、大分、熊本が産地となっています。

殆どの種苗は中国の東シナ海で採捕され、稚魚を活魚船で運んできます。稚魚期には免疫力を高めるため1尾ごとにワクチン接種し、2年弱で4キロ程に成長させ出荷されます。

平政

HIRAMASA

突っ走る磯の弾丸

体側に一本の鮮やかな黄色い縦帯を持ち、海中を勢いよく突っ走る磯の弾丸、そう、ヒラマサです。

ヒラマサは、ブリに大変よく似ていますが、ブリより幅広の扁平した体型で、体側にある黄色い縦帯は、ブリよりも鮮明です。また、人の唇部分にあたる上顎骨の上後角が丸いという特徴もありますが、普通の人が見ても分らないかもしれませんね。

生息域は、ブリに比べ暖かい南方に分布しており、大きくなると全長一メートルを優に超え、しかも時速四〇キロの猛スピードで泳いでいるのです。

体型が扁平して平《ひら》べったく、体表にある黄色の縦帯が、直線状の柾《まさ》(木材の年輪が直線状で、木目が縞模様になっているもの)のようであることが名前の由来です。また、地方名も多く、マサギ、ヒラサ、ヒラソ、セントク、アガユなどあります。

近縁のブリやカンパチに比べ、水揚げ量は少ないのですが、地魚を扱う寿司店や料理店などに、夏の魚として並びます。そうそう、ヒラマサには血合いが少なく、鮮度低下が遅いという利点があるんですよ。殆ど

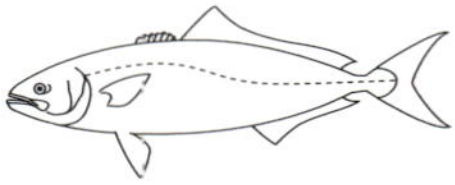

旬は夏

ヒラマサ

ヒラマサの島寿司

の魚は内臓を処理して冷蔵しますが、ヒラマサはそのまま一～二日冷蔵して、食べる前に始めて包丁を入れ、処理した方が美味しいんです。

ヒラマサは、刺身や寿司、カマの塩焼きや煮付け、梅肉を挟んだ天ぷらなどに料理されます。私なら、青とう（青唐辛子）が効いたベッコウ色の島寿司にします。醤油ダレに切身を一〇分ほど漬け、ゴマと塩気の効いた酢飯で、形を気にせず俵握りにして、是非、お試しあれ。

Fish's small talk

世界共通の釣りルールにのっとった国際的団体であるジャパンゲームフィッシュ協会があります。会の釣りあげられた魚の最大重量記録によると、ヒラマサは27.9キロ、ブリは22.1キロ、カンパチは63.4キロと、2009年6月の時点でなっています。あなたも巨大魚を目指してみますか?!

石垣鯛

ISHIGAKIDAI

コリコリを楽しむ

四角い体型に鋭い棘《とげ》のある背鰭《せびれ》と、とんがりクチバシを持つ海の大理石、そう、イシガキダイです。

イシガキダイはイシダイの仲間の南方系の魚で、沿岸の岩礁域に広く生息しています。体長も大きなものでは八〇センチ以上になりますが、関東の市場で見かけるものは二五センチ程と小さい魚が多いです。

体全体を覆う石垣模様は、成長に伴って細かくなり、更に大型魚になると、体全体の模様が薄くなって、口まわりが白くなります。イシダイでは、横縞模様が消えて口のまわりが黒くなって、クチグロと呼ばれますが、イシガキダイは別名クチジロとも呼ばれます。そうそう、近畿大学では、味の良いイシガキダイと成長の早いイシダイを掛け合わせた交雑種を、「キンダイ」と言う名前で養殖も行っています。妙名ですね。

ところで、海の毒にシガテラトキシンがあり、渦鞭毛藻《うずべんもうそう》というプランクトンが生産するため、食物連鎖によって魚が毒化します。シガテラ中毒の症状は、手足の感覚異常やめまいのほか、下痢や腹痛、電気で痺れる感じがあります。このイシガキダ

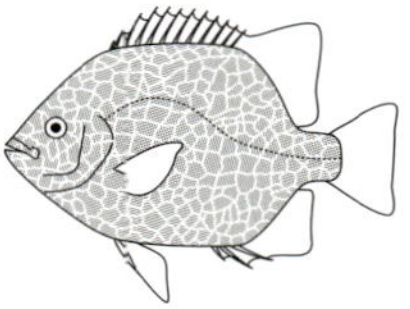

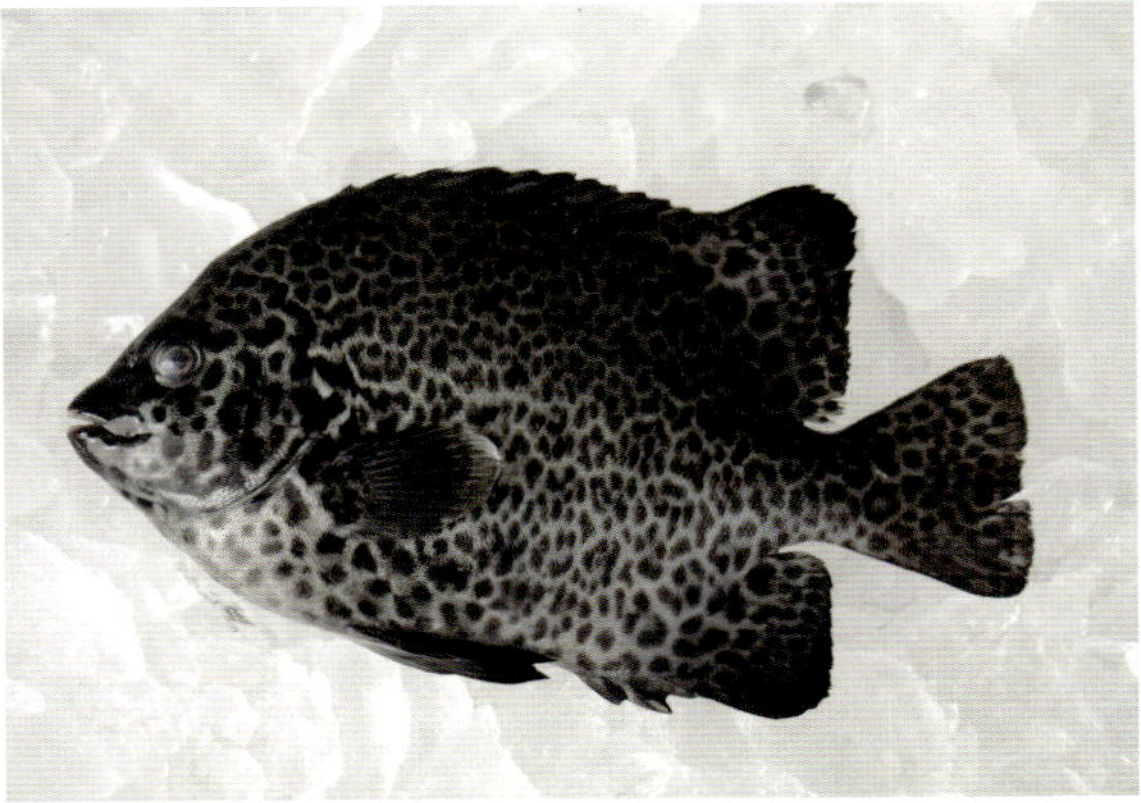

旬は夏

イシガキダイ

イシガキダイの姿盛り

イのキモでも、食中毒が発生してるので、内臓は食べないでくださいね。

日持ちするイシガキダイなら、コリコリの身を楽しむ薄造りの刺身や塩焼き。こってりした煮付けも絶品です。私なら、三枚におろして皮付きのまま冷蔵庫で一、二日寝かした厚切りの刺身や天ぷらで頂きます。柔らかくなっても程良い歯応えと、甘みが増し熟成の味は絶品です。寝かせて旨くなる刺身の旨さを、是非、お試しあれ。

Fish's small talk

春の風物詩にシラウオの躍り食いがあります。シラウオはアユやシシャモなどが含まれるサケの仲間で、活魚あるいは鮮魚で流通しています。ちなみに、シロウオという魚もおり、これはハゼの仲間で、鮮魚では旨味が落ちることから活魚で流通します。両者とも10センチ以下の大きさで成魚なんですよ。

銀紙鯵

GINGAMEAJI

群れで渦巻き来遊

幼魚の時は鰭《ひれ》が黄色く、暗褐色の六本の横縞がうっすらと浮かぶ海の小判、そう、ギンガメアジです。

大きなものは一メートルに達しますが、関東で漁獲されるのは二五センチ程の大きさの魚です。

ギンガメアジは、大きな群れでグルグルと渦を巻いて泳ぎ、プラネタリウムで見る銀河の渦のように見えることが、名の由来です。そう、私の友人がモルジブや沖縄に潜りに行き、海面付近で渦を巻くギンガメアジの写真をおみやげにくれました。碧い水面に、きらきらと光る太陽光も加わり、確かに銀河の渦みたいで綺麗でしたよ。

市場では、銀色の平べったい体型で、南方系のアジの幼魚を総称して「エバ」と呼びますが、九州地域の方言が定着したようです。

堤防や河口などでは、小型のルアーで釣れる好ターゲットで、本種以外のロウニンアジやカスミアジも僅かに釣れます。ちなみに、GTと呼ばれるジャイアント・トレバリーは、ロウニンアジのことで、約二メートル近くも巨大になるアジの一種なのですよ。

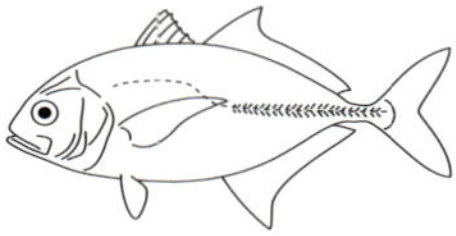

旬は秋

ギンガメアジ

ギンガメアジのハーブ焼き

ギンガメアジなら、小型でも美味しく食べられる魚です。刺身でもたたきでも、サッと酢にしめても、もちろん煮付けや唐揚げでも美味です。私なら、塩コショウのほかに、バジルやタイム、セージなどのスパイスをよく擦りつけ、バターを添えてオーブンで焼きます。スパイスの香りとバターのコクが加わったふくよかな風味に、力強い歯応えとコクは、貫禄のメインディッシュ。魚屋さんで見つけたなら、是非、お試しあれ。

Fish's small talk

魚介類の毒はマリントキシンと呼ばれ、フグ毒のテトロドトキシンや、シガテラ毒のシガテラトキシンのほか、麻痺性貝毒のサキシトキシン、下痢性貝毒のジノフィシストキシンのほか、バイ貝のスルガトキシン、ヒメエゾボラなどのテトラミン、アサリの毒のベネルピンなど多くの毒が知られてます。

鬚鯛

HIGEDAI

夏が旬うまい魚

漆黒の体色で顎《あご》が飛び出し、おでこがへこんで、人の顔にも感じる海のモアイ像、そう、ヒゲダイです。

ヒゲダイはイサキに近い仲間で、大きなものでは五〇センチ程になりますが、見かけるものは三〇センチ程の大きさです。大きなものでは、とにかくススを被ったみたいに真っ黒な体色で、皆既月食が起こった月みたいに、体高が高くて湾曲した顔をしてます。そして分厚い唇のある口が前方に突き出て、その下顎の先には、なんと何十本ものヒゲが生えています。水族館でよく見ると、チヨビヒゲのようなんですよ。そうそう、このヒゲダイの仲間に、ヒゲソリダイという名の魚がいます。体型は似ており、褐色の二つの斜めの帯があるのですが、下顎の先端には見事なヒゲは生えていないものの、その痕があるのです。この名前をつけた方のセンスが実に光りますね。

ターメリックとも呼ばれるウコンは、古くから漢方やカレー粉の材料として、沖縄ではウッチンと呼ぶお茶で親しまれます。このウコンには、クルクミンが含まれ、鎮痛鎮静効果、コレステロール値の抑制、抗酸化作

旬は夏

ヒゲダイ

ヒゲダイの姿盛り

用などがあります。特に、お酒を飲む際にウコンを飲んでおくと、肝臓の働きや胆汁の分泌を促進させ、二日酔い予防の効果があります。

ヒゲダイなら、程良い脂と絶妙な旨味、シャキッとした歯ごたえで、美味な魚です。あくまで透明な白身の刺身は旨味に富み、塩焼きやフライなど、どんな料理でもおいしくいただけます。飲み過ぎには、ウコンで予防し、おいしいヒゲダイを、是非、お試しあれ。

Fish's small talk

お腹が一杯のことを「たらふく」といい、足りるや十分になるという意味の「足らふ（たらふ）」が語源となっています。ちなみに漢字では鱈腹と書き、大食漢のマダラの腹のようであると言いますが当て字です。市場に並ぶふくよかなお腹を持つ姿からみれば、そうなんですけどね。私みたいですけど。

眼鯛

MEDAI

真ん丸な目が由来

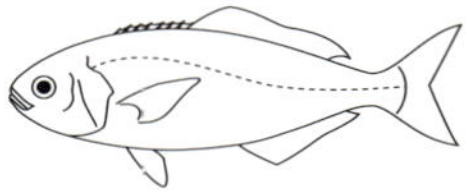

旬は
秋～冬

仰天し見開いた大きな目と、真っ黒な体表が細かい鱗《うろこ》と粘液に覆われた海の里芋、そう、メダイです。

メダイは、水深八〇～四〇〇メートルに生息するイボダイ科の魚で、大きくなると一メートル程にもなります。幼魚の時には、海面に漂う流れ藻で生活していますが、成長すると、表層から底層に住む場所が変わっていきます。

このメダイ、特徴的なまん丸で大きな眼が名前の由来です。また、歌舞伎役者の見得切りの表情の大きな眼のようだということで、清十郎《せいじゅうろう》と呼ばれるほか、頭がまるいところからダルマとか、大生魚《たいしょううお》、ズベラなどの地方名もあります。

遊漁で人気になってきたこのメダイ、釣りの仕掛けにかかると、水深が深くてもその強烈なアタリで、一気にサオが弓なりに曲がるのです。そして、海面に浮かび上がるまで、ずっと引き衰えないのがこの釣りの醍醐味です。ただし、このメダイは、釣り上げられると、とたんに体表に粘液を出してネトネトになります。ですから、粘液の臭みや雑味が身に付かないように、よくヌメリを拭き

メダイ

メダイの塩桜蒸し

取って下処理してくださいね。

身がしっかりしているメダイなら、程よい歯ごたえと甘みの刺身や塩焼き。柔らかいものなら、フライやムニエル、照り焼きにします。私なら、浅めの皿にネギを敷き詰め、メダイに軽めの塩を振って、蒸し物にします。脂があれば濃厚な甘さを、脂のないものでも、柔らかな食感と、舌に後味を残さない上品な甘さを感じられます。桜と一緒に蒸かしたもち米と合わせて、是非、お試しあれ。

Fish's small talk

端午の節句に飾る鯉のぼりは、黄河の竜門の滝を鯉が登り上ると、霊力が宿り姿を竜に変えるという中国故事の登竜門伝説が由来です。奈良時代の端午の日は、災厄を避けるための行事でしたが、江戸時代中期には、男の子の健康と立身出世を願う、日本の伝統的な風習として現在も続きます。

黒鯛

KURODAI

門歯、臼歯を持つ魚

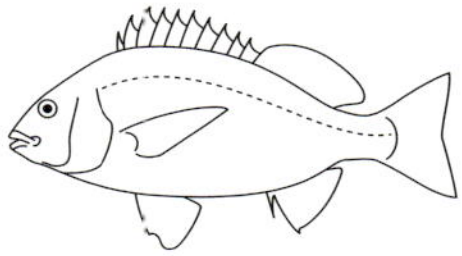

旬は
秋〜初春

メタリックブラックの体色に、硬く強い背鰭《せびれ》の棘《とげ》をもつ磯釣りの人気者、そう、クロダイです。

クロダイはベラ類と同様に、性転換が古くから知られ、子供の頃は雄でも、成長すると雌へと性が変わる雄性先熟の雌雄同体なんですよ。

クロダイは、汽水域の内湾やアマモなどが生い茂る藻場、そして海藻の多い岩礁などの磯根に生息します。三月頃、ワカメ養殖の棚を撤去すると、定置網にドッと入ることがありますよ。

タイの仲間であるクロダイは、マダイと同型で黒色なのが名前の由来です。また、関西では大阪湾の古い名称である茅渟《ちぬ》にちなんで、チヌと呼び釣りでは人気があります。クロダイ釣りには、コマセをまいてオキアミで釣る浮き釣りや、サナギやカニなどを餌にして釣る落とし込み釣り、また、スイカやキュウリを餌にしたパックン釣りなど、地方色豊かで独特の釣り方があります。

クロダイには、人の歯のように、門歯や犬歯、臼歯があります。上下に六本ある門歯状犬歯で餌を噛み切り、片側に三〜五列ある丸い臼歯

クロダイ

クロダイの兜の酒蒸し

で、貝殻や甲羅などを噛み割って、軟らかく美味しい中身だけを食べるのですよ。

秋から初春が旬で、透明な白身魚のクロダイなら、刺身や洗いのほか、ソテーやポワレが定番です。私なら、しっかり内臓を処理し、ワカメを巻き付けてから塩釜蒸しか、ひと塩して王道の酒蒸しでいただきます。ほんのり野趣のある香りに濃厚な甘みを、樽酒で一気に流し込む幸せを、是非、お試しあれ。

Fish's small talk

全国には、専門的なサケの水族館や、海洋深層水で深海魚を飼育している水族館、もちろんイルカのショーなど、みんなで楽しめる水族館が約100園ほどあります。

普段食べているアジやサバ、イワシなども、水中ではスマートに泳いで、とても綺麗な色をしているんですよね。

作る人も、食べる人も、心がけよう「笑顔で食事……」

丹沢や箱根の山々に囲まれ、眼下に広がる相模湾の新鮮な魚介類を堪能できる、そんなお店を作りたくて、一二年前に生まれ育った平塚にお店を出しました。

魚市場で直接競り落として仕入れ、獲れたての魚の美味しさとともに、時期によってはしっかり仕込み、少し時間をおいて、豊穣な美味しさを感じていただく、それが私のお客様に美味しい魚を食べて頂く為の大切なレシピです。

また、魚や貝類には、絵具では表せない美しい自然の色があります。それを一枚のお皿の上に、海にいるかのように盛っていきます。そうなんです、お客様には口でも目でも楽しんでもらい、笑顔でいてもらいたいと心がけてます。

私のレシピは、食育・地産地消・食文化を伝える、これが一番大切なところだと思い、飲食店ならではの方法で皆様に表現出来たらと思っています。

私は料理人である前に三人の子供の父親でもあります。我が子の健康や成長を毎日願い、そして、微力ながらも世界中の子供達が楽しく健康に、そして食事がしっかり出来るようになれば、この私が「食」の仕事に就いた意義があるのではないかと…笑顔で食事、心がけてみてください。

石川　賢一
（いしけんフードサービス代表取締役）

3

エビ・カニ類、イカ・タコ類

藜蝦

AKAZAEBI

冬が旬の超高級種

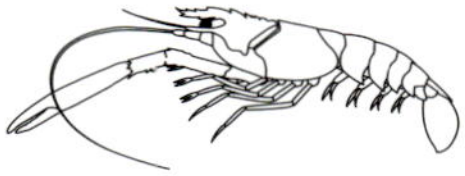

爽やかなオレンジ色の硬い殻と、細くて長いハサミを持つ深海の装飾士、そう、アカザエビです。

アカザエビは、ザリガニを少しスマートにした体型ですが、体長が二五センチにもなる大型のエビで、水深二〇〇〜四〇〇メートルの泥底に穴を掘って住んでいます。

路傍や畑地にはえる中国原産の一年草に、藜《あかざ》という植物があります。上から見ると、萌えでた若葉部分が紅紫色で、アカザエビの体色と似ていることが名前の由来です。しかし、生け簀で見るアカザエビは、鮮やかなオレンジ色をしていますから、ちょっと色合いが違う気がしますね。

アカザエビの仲間は、西洋では大変好まれ、フランスではラングスチーヌ、イタリアではスカンピと呼ばれます。伝統的な料理方法も実に多く、茹でたり、焼いたりするほかに、ブイヤベースなどで食べられています。特に、黄色のサフランが栄える、スペイン伝統のパエリアには、ムール貝と共に見栄え良く飾られていますね。

アカザエビは、漁獲地の魚屋さんや、洋食店で見ることができます。

旬は冬

アカザエビ

アカザエビのグリル

ときに、手長エビとメニューに書かれますが、唐揚げなどに調理される川に住むテナガエビがいますから、お間違えないように。

アカザエビならば、尾の身をスプーンで取り出し、洗いや刺身と真っ青な卵を辛子大根おろし入りのたまり醤油で。また、半分に割って日本では鬼殻焼きというグリルにし、爽やかでジューシーな甘さと弾ける肉質の弾力を、是非、お試しあれ。

Fish's small talk

アカザエビは東京湾から高知湾までの太平洋側で、千葉、神奈川、静岡、愛知、三重、高知で漁獲されています。

漁法としては、底引き網やかご網、刺し網が操業されています。どの地域でも漁獲量は少なく、特に活魚で流通するものは少なく、貴重です。

団扇蝦

UCHIWAEBI

旨味とかみ応え

押しつぶされたような平らな体型に、赤褐色のウチワ型を持つ甲羅で覆われた、海の鋼鉄の扇子。そう、ウチワエビです。

活エビでは、元気に尾をパタパタと閉じる姿から、市場では「パッチン」と呼び、漁獲量の少なさからもっぱら地元の料理店や魚屋さんで見かける位です。このウチワエビ、水深五〇～三〇〇メートルの砂泥底に生息、最大でも体長が二〇センチ程です。イセエビの近縁で、九州では底引き網などで水揚げされ、旅番組では定番のエビとして出てきます。

茹でたエビやカニの赤色の色素は、脂肪に溶ける性質を持つアスタキサンチンです。この色素は、血中で活性酸素によるコレステロールの酸化や、血管壁への付着を防止します。それは、抗酸化物質の代表であるβ-カロテンやビタミンEに対し、数十倍以上の抗酸化作用があるため、細胞内の活性酸素を抑制することで、ドロドロの血液をサラサラにするからなのです。そのほかにも、眼精疲労や白内障にも効果が見られることから、サプリメントとしても利用されていますね。

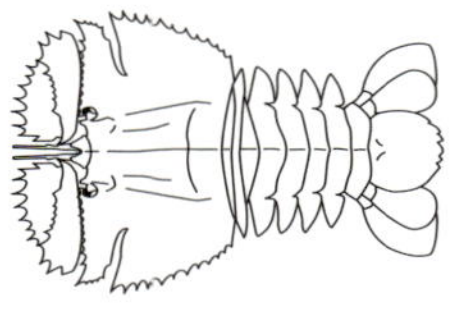

旬は春

ウチワエビ

ウチワエビのアメリケーヌソース仕立て

　ウチワエビは、刺身や塩茹で、姿焼きなどに料理されます。イセエビと同様な旨味や甘味をもち、実に滑らかでありながらも、バリッとした噛み応えがあります。

　私なら、サッと茹でて身をはずしてフライパンで炒めます。また、海老みそやあらをエシャロットとトマト、ターメリックで作る香ばしいアメリケーヌソース風のカレーにします。ウコンのコレステロール低下作用は医食同源。是非、お試しあれ。

Fish's small talk

ザリガニというと田んぼの用水路にいる小さなエビを思いつきますが、ウミザリガニとも呼ばれ、フランス語でオマール、英語でロブスターと呼ばれる巨大な海に住むエビがいます。ニューヨークのレストランに納品された体重9キロのロブスターは、140歳と推定され、オーナーが海に返したそうです。

猿猴蟹《エンコウガニ》

大きな沢ガニの様な甲羅と、とてつもなく硬く、長くて太いハサミを持った鋼鉄の理髪師、エンコウガニ。甲羅の幅は大きい物でも一〇センチ程ですが、とにかく雄の大きなはさみ脚が目立っていますよ。

エンコウガニのすまし汁

甲羅からキトサン

名称であるエンコウとは、猿猴《えんこう》を示す言葉ですが、中国では猿という字はテナガザルを指し、普通のサル類に猴の字を用いているので、腕の長いテナガザルに似ているということなのですね。

ところで、カニの甲羅というと、ほとんど利用価値が無いように思われていませんか？実は細かく砕いて乾燥させてから希塩酸などで処理することでキチンという成分が抽出されます。これ自体は水にも溶けず殆ど利用価値がないのですが、更に濃水酸化ナトリウムで脱アセチル化という処理をすると、キトサンが精製されます。このキトサンには、血中コレステロール低下作用や血圧低下作用、更には殺菌作用などがあって、医療分野では火傷などで用いる人工皮膚や手術用の縫合糸などに利用されているのです。更にキトサンからグルコサミンが精製され、関節軟骨を補うサプリメント食品にも利用されています。

エビやカニにはグリシンやプロリン、アデニンやベタインなど、豊富なエキス成分が含まれ、甘味やコクを感じます。エンコウガニのほかにも、ショウジンガニやイシガニなど小型のカニは、身を食べるだけでなく、甲羅ごと砕いて旨味エキスを堪能できる汁もので、是非、お試しあれ。

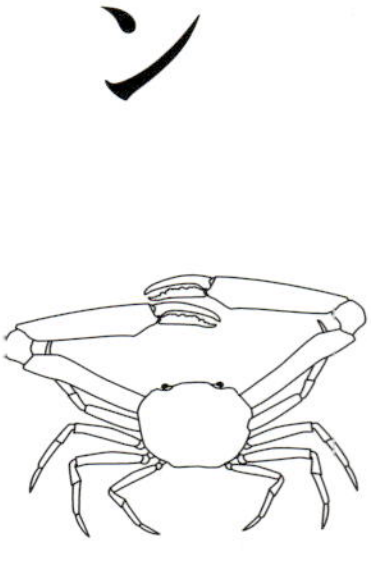

TAKAASIGANI

高足蟹《タカアシガニ》

赤と乳白色の迷彩模様に、長い脚と大きなハサミを持つ海の大型建機、そう、タカアシガニです。

日本近海の深海に生息し、相模湾では水深二〇〇～八〇〇メートルの深海の砂泥底で、カニ籠漁により漁獲されますが、産卵期の春には、水深一〇〇メートル以浅まで移動してくるため、沿岸で操業する刺し網などにもかかります。それを活魚や蒸しガニに加工して流通される稀少な大型カニです。

深海の生きた化石

タカアシガニは日本固有のカニであり、しかも世界最大のカニなんです。円錐形をした甲羅の大きさは四〇センチにもなり、ハサミのある脚を左右に拡げると、なんと五メートルにも達するのです。

カニの系統的にも特に古い種類であり、一属一種で身近な親戚種もなく、化石でも発見が二種類だけの生きた化石の一つなんです。

水族館の水槽の中でゆっくりと脚を這わせ、その巨大な体を動かす姿は、まるで気功や太極拳をしているようです。これが健康を保ちながら長生きする秘訣かもしれませんね。

タカアシガニは、洗いや焼ガニ、蒸しガニ、天ぷらやステーキでいただくこともできますが、私なら、ピリ辛炒めにします。ニンニクをオリーブオイルで炒めたアーリオオーリオに、適当な大きさに切った身、トマトと鷹の爪を少々加えて炒めます。高貴な薫りのカニを食べ、濃厚な旨味のソースはパスタにかけて舌鼓。深海の様子に思いをはせながら、是非、お試しあれ。

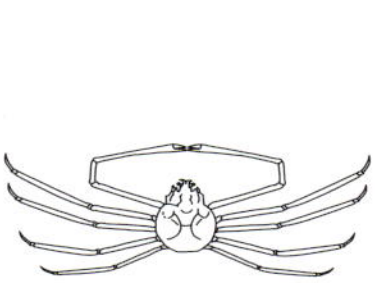

剣先烏賊

KENSAKIIKA

海の必殺仕置き人

太くて短い腕の束に、長い触腕を隠し、餌に向かって弓矢の様に飛び出す、海の必殺仕置人、そう、ケンサキイカです。

イカ角や餌木というルアー釣りによる遊漁が人気のほか、釣りや定置網などによって漁獲され、春から夏が旬の高級なイカです。

若いケンサキイカを、メトイカと呼び、春先の相模湾では定置網で大漁に漁獲されることがあります。

ケンサキイカは地域により様々な名称で呼ばれています。山陰ではシロイカ、関東ではアカイカと呼ぶほか、マルイカ、メヒカリ、ゴトウイカなどと呼ばれています。そのほか、釣り上げられた時は透明なのですが、クーラーに入れておくと、表皮の色素胞が大きく開き赤紫色になり、その色が甲州ブドウの様なので、ブドウイカとも呼ばれます。但し、この別名を標準和名に持った別種のイカもいますから、市場やスーパーなどの販売店では、表示に困惑する食材でもあるんですよ。

また、生息している地域によって、体型が大きく異なります。五島列島で生産される高級食材の「一番スル

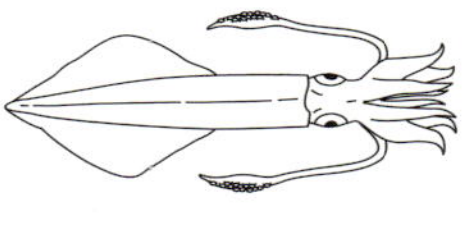

旬は
春〜夏

ケンサキイカ

ケンサキイカのメトイカの墨煮

メ」で有名なケンサキイカは、胴長が四〇センチを超し、ヤリイカのようにスレンダーです。

小さなケンサキイカならば、醤油、味醂、日本酒を同量で混ぜ、煮冷ましに漬け込んだ沖漬け。寿司や刺身のほか、さっと湯通ししてイカ飯風にした姿寿司（印籠詰め）。大きなものは、上品で濃密な甘味を感じる刺身や塩焼きを、焙煎臭の香り高い麦焼酎で、是非、お試しあれ。

Fish's small talk

江戸前寿司は江戸前の東京湾で獲れた魚介類を使った早握りです。古くは江戸前寿司といえば、コハダ、キス、イカの印籠詰め、太巻、ひよっこ（ゆで卵の白身半分に、黄身とえびおぼろを詰め直し握る）、手綱巻（コハダと車エビの観音開きをえびおぼろをつけて巻く）、おぼろの茶巾絞りだったのです。

障泥烏賊

AORIIKA

一年中美味の王様

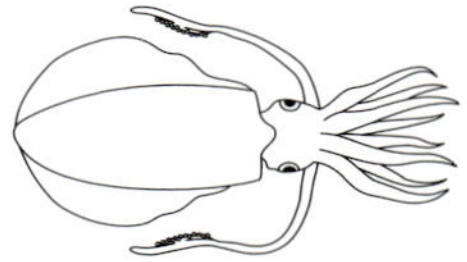

旬は
夏〜秋

まん丸な大きな目と、風の吹く窓のカーテンのようにヒラヒラと鰭《ひれ》を振る透明な捕食者、そう、アオリイカです。

沿岸にすむイカで、胴体が丸みを帯び、縁に半円形の鰭があり、ユーカリの葉の形状をした、透き通った柔らかい軟甲《なんこう》を持ちます。その姿は近縁のコウイカに似ていますが、コウイカには石灰質の「イカの甲」があり、ずんぐりとした体型が違う点です。アオリイカの名称も、モイカ、ミズイカ、クツイカ、バショウイカなど、全国に様々な別名が見られます。

アオリイカの名の由来は、武将が乗る馬の鞍の下にひく、楕円状をしたマットの泥障《あおり》に似ていたからとか。また、バショウという名は、芭蕉扇の形に似ていたためです。

初夏になると沿岸の海藻や、その岩礁帯に藤の種の様に、卵が五、六個入った鞘状の真っ白な卵嚢《らんのう》を産み付けます。各地で漁業者と研究所などが協力し、間伐材を利用して魚礁を作り、産卵場所を作って実際に産卵が行われています。産卵から一ヶ月ほど経つと、一人前の姿をした稚

アオリイカ

アオリイカの刺身

イカが飛び出し、秋には掌大のアオリイカの子供たちが、堤防の側や港の中の表層に、漂っている姿を見ることができますよ。

アオリイカの旬は夏から秋ですが、基本的に一年中美味しいです。刺身ではシコシコしていたのが、一日寝かすとネットリし、甘みも歯ごたえも、さすが王様の貫禄です。もちろん、焼いても揚げても貫禄の旨味を是非、お試しあれ。

Fish's small talk

アオリイカを釣る方法で、エギングという遊漁があります。エギとはピンク色やオレンジ色などのカラフルなエビ型のルアーで、岸から投げ操ることで、エギを餌だと思い抱きつかせて釣ります。以前、堤防で投げ釣りをしたところ、ただの鉛の重りにしがみついてきて、釣れてしまったアオリイカがいました。

AKAIKA

赤烏賊

アカイカ

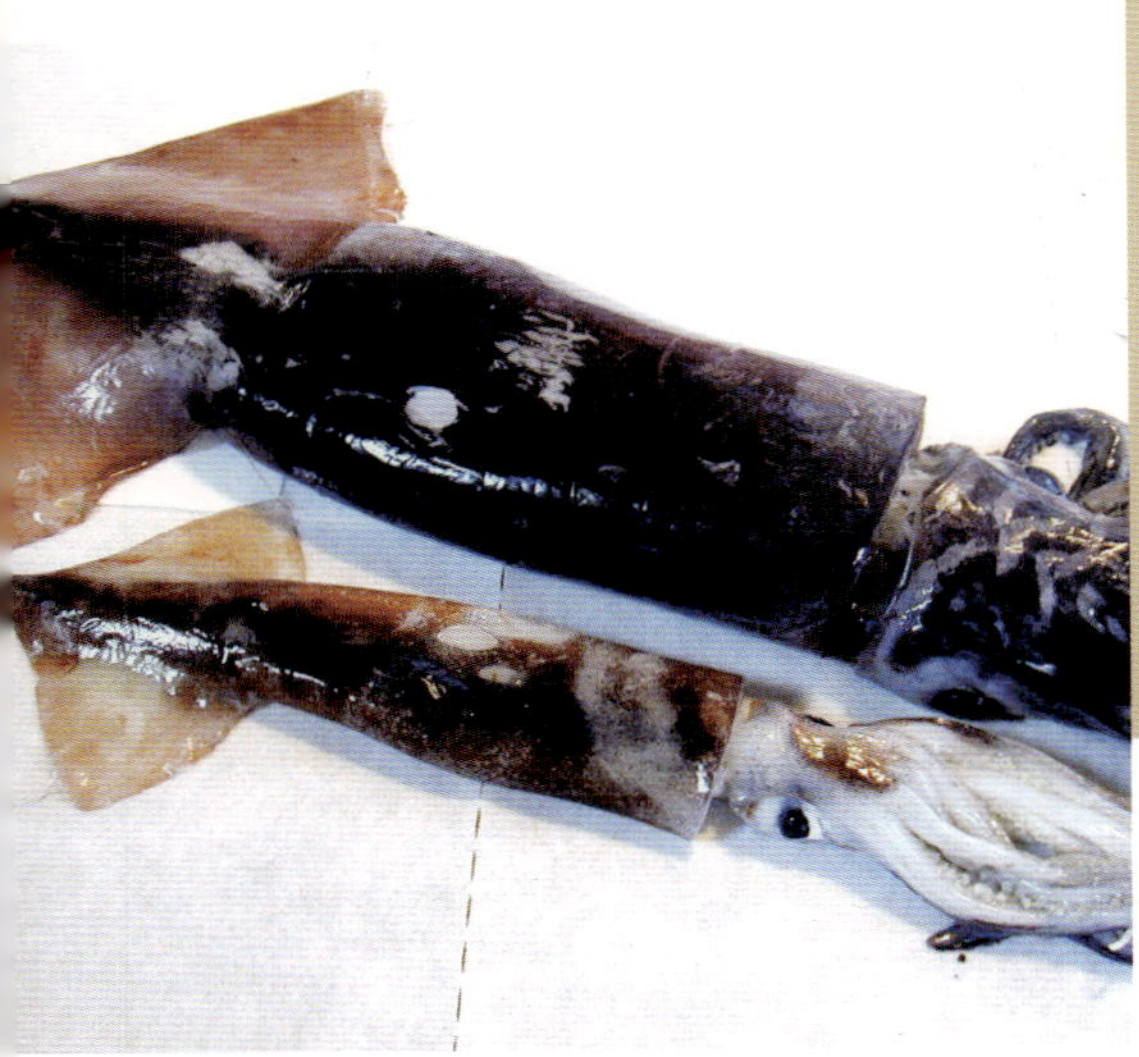

濃い赤紫色のどす黒い表皮と、筋肉質の厚い胴肉をもつスルメイカの大親分、そう、アカイカです。

市場ではムラサキイカ、あるいはバカイカと呼びます。ただし、ケンサキイカを、通称アカイカと呼んでますから、混同しないように。

昼は深海、夜に浮上

このアカイカ、スルメイカに形がよく似ており、外套と呼ばれる胴部は円筒形で、とても肉厚です。また、背中線上に幅の広い黒帯があり、その両側は赤い線で縁取られています。外洋性の大型種で、寿命は一年程でも大きなものでは外套が六〇センチ程に達します。

アカイカは、昼間と夜間に大きな日周鉛直移動を行い、明るい昼間は水深二〇〇〜七〇〇メートルまで潜っていますが、夜間では四〇〜七〇メートル程の浅いところまで浮上します。この動きは餌となる動物プランクトンやハダカイワシの移動と同調しており、餌を求めての移動と大型肉食魚などの捕食者から身を守るための行動です。水温差が一〇℃以上、そして数気圧の変化に耐えられる、特殊な能力を持っているのですね。

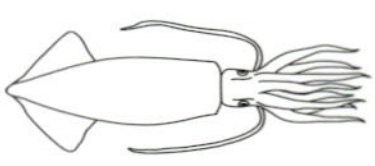

アカイカは、墨で汚さないように胴から頭を抜き取り、胴肉は丁寧に皮を剥いて、ロールイカやイカステーキの加工品に。更に剥けない内皮に細かく切り目を入れ、天ぷらやかき揚げに。ゲソはゆっくりと煮付けるか、炒めてからコロッケにします。私なら、サクサクの歯応えと、ほんのりと甘みを感じる天ぷらがお薦めです。甘い香りの芋焼酎のお湯割とともに、是非、お試しあれ。

IIDAKO

飯蛸

イイダコ

全身が小さないぼに覆われ、冬には米粒状の卵をもち、金色の斑紋をひけらかす小さな忍者、そう、イイダコです。

イイダコは大きくなっても二〇センチ程の小型のタコで、北海道から

金斑もつ小さな忍者

九州の各地の浅い海の砂泥底など、日本に広く分布しています。

腕の付け根には、左右に一個ずつ金色をした丸い紋様があるのが特徴です。日中は、岩礁の隙間のほか、二枚貝の貝殻や沈んでいる空き缶などを住処にして隠れています。しかし、夜のお食事タイムになると、海底をスルリスルリとかくれんぼしながら移動し、小さなエビやカニ、アサリなどを捕まえて食べています。水槽で飼っていた時には、アサリを抱え込んで締め続けると、バキッって鈍い音をさせて貝殻をずらして中身を食べたり、カニならハサミで攻撃されないように、甲羅側から羽交い締めし、尾節というガニの部分を剥がして、体液を吸って食べてましたよ。

卵を持ったものは「子持ち」と呼ばれますが、このイイダコは米粒に似た卵なので「飯《いい》持ち」と呼びます。このいいを産卵する時期は冬であり旬です。イイダコなら、おでんや酢の物、煮付けなどで頂きます。そうそう、産み付けられた卵は房状なので、まるで「藤の花」の様だと明石藩の儒者が命名したことから、海藤《かいとう》花《げ》と呼ばれます。塩漬けの瓶詰めなどで販売され、そのままでも、塩抜きしてポン酢でも美味しいものです。是非、お試しあれ。

自然の幸を工夫で美味しく楽しく

河原　肇
（高校教諭）

新設3年目の高校に赴任し、生物準備室で紫煙をあげているると、ヌゥーと現れる体の大きな生徒が臼井君でした。

生物部の合宿と称して那須や苗場に行きましたが、卒業してからも、入山禁止前の白神や利根川の源流域にも入るようになりました。

山には酒を担ぎイワナの塩焼きと骨酒を楽しんでいましたが、薫製やトマト煮などのレパートリーを増やしていきました。新潟の残雪の沢では、蕎麦に山菜と岩魚の天ぷらを肴に呑んだ地酒の味は忘れられない思い出です。

歳や体重に負けテントを背負っての沢からは足が遠ざかりましたが、臼井君の専門の旨い肴を造り地酒を楽しむ旅は、新潟の私の育った田舎で毎年続いています。近くの渓ではヤマメ・イワナと鮎やモクズガニ、汽水でのハゼ、磯での五目釣り…。川ガキ（餓鬼）・磯ガキに戻って捕まえる獲物はもちろん、街で仕入れた海の魚を加え、これでもかという位、臼井君が腕によりをかけた料理が食卓に並びます。

料理も遊びに変えてしまう、情熱と知識の臼井君です。地酒のほか、水で割り一升徳利でねかせた焼酎〝一晩古酒〟がすすみます。

あぁ、これで宿酔。

4

産地の魚

糸引鯵

ITOHIKIAJI

鰭長く優雅な姿

菱形の体型で、ちょっと潰れた顔先と、大きな目が特徴のコミカルなアニメ顔、そう、イトヒキアジです。

夏の頃から、沿岸各地で見られ、成魚では一メートルにも達しますが、釣りや定置網で漁獲されるものは、二〇～三〇センチ程の、体側に五本のくの字型に横縞がある若魚が殆どです。

名前の通り、背鰭《せびれ》と尻鰭の軟条が、糸状に長くのびて、その長さは全長の二倍以上にも達します。特に泳ぐ姿をダイビングで見る方は、その優雅なショーに見とれてしまいますね。しかし、水族館などで飼育されている成魚では、この長い鰭が無く、全体に黒っぽくなって怖い感じがします。それは、小さいときはプランクトンを食べていても、少し大きくなると、魚類や甲殻類を食べる肉食性に変わるからでしょうね。

魚の筋肉は主に水分とタンパク質で構成され、このタンパク質に強く影響を与えるのがナトリウム、つまり塩なのです。魚肉に塩をふると、塩の脱水効果により水分含量が減少し、酵素や微生物の働きを抑えられます。また、筋肉の収縮を司る筋原繊維タンパク質には、アクチンとミオシンがあります。薄い塩ではアクチンが溶けだして、多量の水分を包み込み、肉糊を形成し、加熱するとあの蒲鉾になります。焼き魚も同様に、塩でタンパク質を変化させてお

イトヒキアジの塩焼き

くと、肉汁を閉じこめ、ムチムチとした食感になりますね。

イトヒキアジなら塩焼きが一番。三〇分程前に塩をして、じっくりと焼きあげ、閉じこめた肉汁としまった身の旨さを、是非、お試しあれ。

Fish's small talk

フィリピンではフエダイ、韓国ではヌタウナギの皮をなめした、金運向上の財布があります。ほかにもサメやアカエイの皮の製品もありますが、その昔、嵐山光三郎氏は雑誌企画で鮭の皮でジャケットを作っていましたね。そういえば、鮭皮の好きな殿様が一尺の鮭皮と百万石と引き換えてもよいと言ったとか。

HEDAI

平鯛

ヘダイ

丸みのある顔つきと、丸みのある銀白色の体に茶色の縦縞が走る秋の使者、そう、ヘダイです。

　ヘダイの仲間には、チヌと呼ばれ釣りで有名なクロダイや、鰭《ひれ》の黄色いキチヌなどがいて、雄から雌へ性転換をすることが知られています。マダイに比べ刺身にすると、冬場には磯臭さが強く感じられるのですが、このヘダイだけは磯臭さはなく、春が旬のマダイに対して、秋が旬のタイといえる存在です。しかし、タイの名前がついても、春のサクラにイメージされる縁起の良いマダイの赤色ではなく、地味な銀色のため、市場での価格もお手頃です。

雄から雌へ性転換

　相模湾は開放型の湾で、黒潮と呼ばれる、東シナ海の台湾付近から流れてくる暖流に影響を受けています。黒潮は、幅約一〇〇キロ、秒速は約二メートルと、世界でも有数の強い海流です。その流れの蛇行形状により、大蛇行型のA型、直進型のN型、そして冷水渦の位置によりB、C、Dの蛇行型に分けられ、黒潮の蛇行は安定した流路の一つであり、そのきっかけは、九州の南に位置する海域の影響によるものです。

　最近、地球温暖化によって、今世紀末には黒潮の流れが三〇％も速くなり、海水温も三℃上昇すると予測されました。そういえば、ヘダイやフエダイなどの南方系の魚種は、数年前から見かけるようになりました。

　ヘダイはクセもなくおいしい魚です。刺身も塩焼きも煮付けも良しの万能魚です。秋の時期だけのお手頃魚ですから、是非、お試しあれ。

OKIAJI

沖鯵

オキアジ

薄墨を被った平たい楕円形の魚体に、黒い横縞をもった海の黒小判、そう、オキアジです。

オキアジは、暖かい海に広く生息し、相模湾には秋になると、沿岸から沖合に小さな群れをなして、黒潮にのって来遊します。若魚のうちは、イシダイのように横縞があり、成長すると消えて真っ黒になります。大きくなると五〇センチ程に成長しますが、見かけるものの多くは二五～三〇センチ程の大きさです。

ホイル焼きが絶品

アジ類には、ブリやサワラのように細長い姿の魚もいますが、丸い形のオキアジは、体側にゼイゴと呼ばれる硬い鱗《うろこ》の稜鱗《りょうりん》があるので、直ぐにアジの仲間と分かりますよ。

地方名も多く、ヨダレアジ、ヨシデン、トロメッキ、マナガタ、クロエバ、ボウゼなどと呼ばれます。

黒潮は世界でも有数な暖流です。フィリピンの南沖の赤道直下で発生し、東シナ海からトカラ列島を通過し、日本の南岸に北上します。流れの幅は一〇〇キロにも達し、早いところでは時速七キロにも達します。この早い流れで、南方系の魚が運ばれてくるのですね。

オキアジならば、歯応えのある食感の刺身も良し、程良い脂の塩焼きも良し、もちろん、アッサリとした煮付けも良しです。私なら、キノコとバターを添えて、ホイル焼きにします。キノコの香りとバターがほどよくマッチし、全ての旨味を引き出します。秋の夜長に、ジンライムで、是非、お試しあれ。

裸鰯

HADAKAIWASHI

発光器で身を守る

腹側にはいくつもの発光器が並び、鱗《うろこ》の衣を脱ぎ捨てる深海のヌーディスト。そう、ハダカイワシです。

ハダカイワシの仲間は、真っ黒いものから、口の大きなものなど、数十種いますが、食用にされているのは、この一〇センチ程の大きさのハダカイワシ一種類です。そうそう、水揚げされた時には、裸のように鱗が剥がれ落ちていることが名前の由来となっています。

ハダカイワシは、昼中は二〇〇メートルから一〇〇〇メートルの深い海に身を隠し、夜間には海面近くまで浮上して、プランクトンなどを食べています。肉食魚の胃袋からよく見つかるハダカイワシは、その身を守るために、魚体の腹側に十数個の発光器をそなえたのです。日中、水深数百メートルから上を見上げると、薄明るいので、魚の影が下から見上げる肉食魚らに見られて、襲われてしまいます。そこで、腹側から薄明るい光を発し、自分の姿を消してしまうのです。英名でも、提灯をもった魚という意味で、ランタンフィッシュと呼ばれていますよ。

深海に棲む魚は、ときにワックスを含みます。ワックスは人では消化できないので、止まらない下痢になってしまいます。おいしいギンダラも、このハダカイワシもそうなので、絶対に過食は禁物ですよ。

ハダカイワシは、頭と内臓を取っ

ハダカイワシの唐揚げ

て、塩焼きや素揚げ、天ぷらにします。真鶴半島では、古くから素干しを干物屋さんが造っており、その焙りも絶品ですよ。脂の甘みと濃い旨味をもつハダカイワシを、是非、お試しあれ。

Fish's small talk

食品衛生法に有害な物質を含む食品は販売が禁止にされています。毒をもつフグなどの他、油脂成分にワックスエステルを多く含む魚も対象となっており、深海魚のアブラソコムツやバラムツなどが該当します。ワックスは激しく垂直移動をする魚種に多く、水圧が急激に変化しても浮力を上手く調節するため、鰾《うきぶくろ》にワックスが入っているようです。

鮗
HIIRAGI

触ると「ギイギイ」

シルバーメタリック色した薄っぺらな小判型で、触るとギイギイと鳴く海の壊れたオルガン、そう、ヒイラギです。

ヒイラギには、魚体と各鰭《ひれ》に黄色や黒色の模様が入ったヒイラギ、細長い体型で鰭に模様のないオキヒイラギがおり、伊豆の干物屋では丸干し、そして、最近ではスーパーでも鮮魚として並ぶことがあります。

このヒイラギ、防波堤や河口付近で簡単に釣れますが、よく見ると極小の鱗《うろこ》を持ち、上顎《うわあご》と額骨を擂り合わせて、ギギッという音を発します。その上、掴んだとたんに体表から大量のヌメリを出すので、嫌われてしまう魚です。また、食道のまわりにある発光器から発するわずかな光で、体の輪郭をぼかして見えにくくすることで、肉食魚から逃れているのです。

葉の縁にギザギザとした刺状の牙歯がある柊《ひいらぎ》という植物があります。古くから庭木として栽培され、節分にイワシの頭をこの枝葉にさして、門口に飾ることで魔除けにする風習がありますね。特に葉の棘《とげ》が刺さると酷く痛いので、痛むの古語である「ひいらぐ」がこの植物の名前の由来になり、その柊の葉に姿が似ていることから同じ名前で呼ばれます。

ヒイラギなら、刺身や煮付け、そして素干ししたものを素揚げにするのが漁師町での食べ方です。私なら、

ヒイラギの丸干し焙り

体表のヌメリを水洗し、スプーンで身をすき取り、すり身団子にします。小さな白身団子を、塩味のすまし汁に浮かべ、極上の海の旨味を、是非、お試しあれ。

Fish's small talk

ノロウイルスは水産物の食中毒原因として最も多く、特に冬場に多く発生してます。

エタノールや逆性石鹸では消毒できず、食器類などは、熱湯や塩素系洗剤による消毒が有効です。また、家族が嘔吐などをした場合、その掃除には直接触らず手袋を使うなど、2次感染しないように注意しましょう。

大口石投《オオクチイシナギ》

夏が旬の大型底魚

黒褐色の魚体に、白色の縦帯が厳めしい、歌舞伎化粧をした海の隈取《くまと》り、そう、オオクチイシナギです。

太平洋側では高知県から、日本海側では石川県から北海道にかけて分布し、水深五〇〇メートル程の岩礁帯に生息しています。

子供の頃には、体側に五本の白色縦帯がありますが、五〇センチを超えると全身が黒褐色になります。

産卵期の春になると、水深一五〇メートル程の浅海に移動してくるので、その時を狙って釣りが行われます。なかなか釣れないそうですが、小さいものでも数キロ程の大きさがあり、更に大きなものでは体長が二メートル、一〇〇キロ以上もあります。真っ黒な体色も合わさり実際に見ると迫力がありますよ。そうそう、市場で一五〇キロを超す大きいものも見たことがありますが、漁師さんに聞くと以前には三〇〇キロにもなる超大型のオオクチイシナギも釣れているそうですよ。

オオクチイシナギには、肝臓に多量のビタミンAが含まれ、特に大型魚に多いことが知られてます。この肝臓を数グラム程食べるだけでも頭痛や吐き気、めまいのほか、数日後には特徴的な症状である皮膚の剥離と、ビタミンA過剰症になるので注意が必要です。

オオクチイシナギなら小型魚は透明感があり、刺身や塩焼き、大型で白濁した身ならば、煮付けや定番のちり鍋などで頂きます。柔らかさの中にムチッとした食感を、是非、お試しあれ。

ESO

狗母魚

エソ

エソの竹輪

深海の生きた化石

細長く円筒状の体に、大きく裂けた口と、鋭い牙状の歯が並ぶ海のアリゲーター、そう、エソです。

エソ類は、頭の前方にある目は大きく、その目の後ろまで大きく開いた口には、たくさんの小さな歯が並び、まるで蛇やワニの様な顔つきです。その顔つきからか、英名でもLizardfish や Snakefish などと呼ばれています。

エソ類にはマエソやトカゲエソ、ワニエソ、オキエソなどがいます。トカゲエソは胸鰭《むなびれ》が短く、ワニエソ、マエソは腹鰭まで達する長い胸鰭があります。ワニエソは尾鰭の下側の縁が黒く、マエソは白いという違いがあります。

砂泥域の底に棲んでおり、昼間は砂泥中に浅く潜っていますが、夜になると泳ぎだして、貝類や魚類、イカ類、エビ類など、手当たり次第、口に入るものは何でも食べる､どん欲な魚なんです。

このエソ類は、白身で豊満な旨味のある身なのですが、唯一で最大の欠点として、硬い小骨がたくさんあるのです。そこで、日本の誇るべき伝統食のかまぼこの原料にされています。四国地方では、エソを主原料にした簀巻きかまぼこや、すり身をエソの皮で巻いて焼いた、愛媛特産の「皮竹輪」が有名です。

私なら、三枚におろした身を、スプーンで掻き取り､塩と味醂を加え､フードカッターですり身にします。昆布ダシのスープに、小さくちぎった団子を入れたり、板に盛って、焼いても良し。是非、お試しあれ。

鷹之羽鯛

TAKANOHADAI

芸者などの異名も

白地の魚体に褐色の斜めストライプ、黄色い尾鰭《おびれ》に白い水玉模様の入った、タラコ唇の海のサンドイッチマン、そう、タカノハダイです。

タカノハダイの尾鰭には細かい白色斑点が散在し、鷹の羽根の模様に見えることが名前の由来ですが、魚体にある九条程の褐色の縞模様が袈《け》裟懸《さがけ》に見えるのでオケサ。また、縞が左巻きのためヒダリマキとか、芸者などと異名が多い魚です。ちなみに同じ仲間には、口が真っ赤なミギマキという名の魚もいるんですよ。

この魚、水深三〇メートルより浅い沿岸の岩礁や、海藻が生い茂る岸壁などでよく見られます。昼行性で単独行動していることが多く、雑食性で甲殻類や底生小動物、藻類などを餌にしています。砂ごと吸いこみながら漉して食べたり、小さな口には丈夫な歯があり、フジツボやカニなどをかみ砕いて食べることもできます。もちろん、海草類もついばんで食べています。大きくなると体長が五〇センチ程にも達しますが、水揚げされるものは、ほぼ二〇～三〇センチ程の大きさです。

タカノハダイは、磯臭くてまずいことで有名ですが、内臓を傷つけて内容物で身を汚したりしないように、また、硬い鱗《うろこ》と骨に気をつけて、出来れば活け締めで血抜きをすれば、コリコリと硬い歯応えで、淡泊な風味の白身魚となります。

タカノハダイの干物

私なら、きれいに処理したタカノハダイを、醤油にめんつゆを合わせたものに漬けてから焼く幽庵《ゆうあん》焼き風か、ひと塩して干した干物にして頂きます。噛むごとにゆっくりと濃厚な旨味の堪能を、是非、お試しあれ。

Fish's small talk

つまは魚の生臭みを消したり消化を助け、更に彩りや季節感を出し、香りや辛みで味をひきしめる役割をします。野菜や海藻が素材として使われ、食べられることが原則です。

大根やミョウガなどを細く切った尖ったものを特に「けん」と呼び、穂紫蘇《ほじそ》や紅蓼《べにたで》などは「あしらい」とも呼びます。

伊良
IRA

ベラの仲間で美味

　ピンク色からオレンジ色のドレスをまとい、斜に暗色と白色の帯を持つ泳ぐ海の鹿鳴館、そう、イラです。

　イラは、おでこの出たアマダイに似ていますが、それよりもずっと肉厚があり、大きいものでは四〇センチ程になるベラの仲間です。よく、ブダイと間違われますが、ブダイは歯が癒着して一枚の板状ですが、ベラの仲間は、大きくて頑丈な牙のような歯があり、英名でもTuskfish（牙魚）となっています。

　ベラの仲間は、仔魚と成魚で全く異なる体色や模様を持つものが多く、このイラも子供の頃は大変地味な色をしており、成魚の特徴である斜走帯の模様がないのです。

　関東では、カラフルなベラ類は、水揚げ量が少なく、産地の魚屋さんで見かける位で、ほとんど食べる機会はないのですが、関西では刺身や天だねとして、珍重される美味しい食材なのです。

　天ぷらを揚げるのであれば、溶き衣や天種が冷えていて、油との温度差があること。たっぷりの油を使い一八〇℃程で、短時間にサッと揚げることが、味も良く衣もサクサクに仕上がるポイントです。溶いた衣を油に垂らすと、底に沈まず途中で浮き上がってくる温度が一七〇～一八〇℃ですよ。

　イラは鮮度低下すると、身がとても柔らかくなるので、氷でしっかり

イラの刺身

と冷やされて、身のしまったイラを選びます。初夏は刺身や天ぷら、塩煮、冬はちり鍋やこってり煮付けで、きめの細かい肉質とねっとりとした甘みが堪能できます。是非、お試しあれ。

Fish's small talk

全国には小型の魚を干した丸干しなどの製品があり、カタクチイワシの目刺しやキビナゴ、コマイなどは一般に見かけます。そのほかにも小型のサンマのハリコ、豆アジや底曳き網で獲るニギス、メヒカリ、小さなマダラなど産地で作られる特産品もあります。ほかにもニロギと呼ばれるヒイラギ、ネンブツダイなど、産地で手作りされています。

念仏鯛《ネンブツダイ》

透き通った朱色の魚体に、二本の黒いアイシャドーを入れ、卵を口で育てる海の保育器、そう、ネンブツダイです。

体長一〇センチ程のネンブツダイは、繁殖期の初夏になると、海面近くにペアー同士が寄り添い、それが集まって大きな群れで泳ぐ姿が見られます。その際、独り言のように、ブツブツと念仏を唱えているような音を立てることが、名前の由来です。実際に釣り上げた時にも、グウグウと音を立てますからね。

雄の口で卵かえす

ネンブツダイは、産卵し受精した後、なんと雄がその卵を口にくわえてしまうのです。実は、この魚は口の中で卵を保護し、稚魚になるまで育てる、マウスブリーダーという繁殖法を持っているのです。種類によっては、数ヶ月前から喉元を膨らませ、本番を控えている雄が見られるんですよ。

昔は、身土不二《しんどふじ》という言葉があり、「自分の身の回りの土地で獲れる食べ物が身体にとって一番よい」と、形が悪くても小さいものでも、利用してきたんですよね。

ネンブツダイは、ぶつ切りで味噌汁の具としたり、素揚げにして食べるほか、ホタルジャコの揚げ蒲鉾である「じゃこ天」にも利用されます。

私なら、内臓と鰓《えら》を切り取って、一〇分ほど五％の塩水に漬けて一夜干しにします。それをサッと炙って、肉汁が湯気をあげたら、頭からかじってください。これまた、美味なること、間違いなし。冷えた冷酒と、是非、お試しあれ。

TENGUDAI

天狗鯛《テングダイ》

淡泊で美味な白身

扁平した魚体に突き出た口と、黄色い体色に六本の黒色の横帯を持つ海のひょっとこ、そう、テングダイです。

テングダイは、体高が著しく高く、黄色い団扇状の大きな鰭《ひれ》、そして突き出た下顎《したあご》には、短いヒゲがたくさん生えており、餌を探る感覚器官になっています。大きくなると五〇センチ程に成長しますが、市場で見かけるものは三〇センチ程です。

特徴的な突き出した口のある顔つきが、まるで天狗の鼻のようであることが、名前の由来です。

この魚は南方系の暖かい海でよく見られ、水深四〇〜二五〇メートルの岩礁地帯に生息しています。伊豆半島でも、数尾から数十尾が、群れをつくって岩場に居着き、漂うように泳いでいます。特に、ダイバーが近寄っても逃げず、傍で観察できることで人気のある魚です。

テングダイの仲間には、黒色のクサカリツボダイやツボダイ、カワビシャがいます。頭が付いていない、脂ののりがよい干物や、西京漬け風にして売られています。

テングダイは、癖のない、淡泊な味わいの白身ですから、刺身なら紅葉おろしとポン酢で、またはニンニクを効かせたカルパッチョで頂きます。私なら、肉汁がほとばしる塩焼きで頂きます。ただし、焼き過ぎはどんな魚でもバサバサして美味しくありませんから、肉汁が表面から出なくなる直前まで、じっくりと加減しながら焼き、その熱々を、是非、お試しあれ。

比賣知

HIMEJI

バターに合う甘み

コイに似た魚体は鮮紅色に輝き、下顎《したあご》の先端には鮮黄色の太いヒゲがある海のハタキ、そう、ヒメジです。沿岸の浅い砂底や砂泥底に生息し、市場などで見かけるものは一〇センチ程で、大きくても二〇センチ程の小型魚です。

ヒメジの仲間は、世界中の温かい海の沿岸に分布し、下顎にある二本のヒゲを器用に動かして、海底の餌をさがします。このヒゲには、人の舌に似た味を感じる味蕾《みらい》があり、このヒゲで砂の中の餌を見つけ出して食べているのです。

このヒメジ類には地方名も多く、ベニサシ、ハナジャコ、ヒメイチ、キンタロウ、ウミゴイ、オキノジョウなどの呼び名があります。

欧米のヒメジは、日本の小さなヒメジとは違い、三～四〇センチもあるルージェと呼ばれる大きな魚で、フランス料理やイタリア料理のグリルやソテーの定番魚です。

ところで、バターには成分や製法によって、四つの種類があります。私たちがよく使う加塩され保存性を高めた有塩バター、ケーキなどに用いる無塩バター。原料のクリームを発酵させていない穏やかな風味の非発酵バターと、ヨーロッパで主流の濃厚な風味の発酵バターです。

ヒメジは、手間をかけて刺身や酢じめ、天ぷら、南蛮漬けで食べるほか、九州や北陸では干物も一般的で

ヒメジの唐揚げ

すが、私なら、濃厚なバターで開きをソテーにします。程よいコショウの香りとニンニクの風味を身にまとい、小さいながらもその柔らかな歯応えと、バターに良くあう甘みのある旨味を、是非、お試しあれ。

Fish's small talk

昔の伊勢参宮街道の宿場町に阿漕《あこぎ》（現在の津市）という場所があります。この阿漕浦はその当時、伊勢神宮領であることから禁漁区でした。ですが、鯛などの魚がよく獲れることから密漁があとを絶たず、「あくどく度重ねて密漁をすること」から「あこぎなまね」という俗語が生まれましたよ。

金頭
KANAGASHIRA

「金頭」が名の由来

真赤な団扇のような鰭《ひれ》と、真赤な体色で雪かき板の顔を持った海のラッセル車、そう、カナガシラです。

カナガシラは、ホウボウに姿がよく似ていますが、顔が寸詰まりで、ホウボウがヌルッとした表皮であるのに対し、ザラザラと細かい鱗《うろこ》で被われ、まるで紙ヤスリのような手触りです。また、ホウボウの大きな胸鰭は青色ですが、カナガシラは体色と同じ赤色です。

カナガシラの名前は、頭部が硬い骨板で被われ、まるで金属のヘルメットを被っているようで、金頭《かながしら》と書いたことが由来です。また、九州地域ではガッツと呼ばれたり、全国各地ではキミヨやカナド、イジミなどの別名もあります。

胸鰭の一番下には、鰭膜から離れて自由に動く三本の軟条があり、これを脚のように動かし海底を歩きます。また、エビやカニ類のほか、小魚や多毛類を探す探索器官も兼ね、下面にある大きな口で捕食します。

カナガシラは大きくても二五センチ程で、関東では低価格なのですが、名称の金頭が「お金がたまる」につながることから、節分の縁起物として食べられます。また、一生、食べ物に困らないようにと、赤ちゃんの「お食い初め」でもカナガシラが食べられます。

透明感のある白身のカナガシラは、地域によっては幻の魚と呼ばれ、

カナガシラの姿造り

プリプリと引き締まった白身は、刺身や天ぷら、煮付けのほか、開きにしてからの唐揚げなどに料理されます。もし、カナガシラを見つけたなら、まずは半身を刺身、半身は塩焼きで、是非、お試しあれ。

Fish's small talk

北海道を代表するサケ料理に石狩鍋があります。秋に産卵のため川を遡上するために集まる脂ののったサケを、頭から尻鰭まで一尾全てを使い、ぶつ切りにして味噌味でいただきます。甘みにキャベツやタマネギなどの野菜を使うのが特徴的で、9月15日は「石狩鍋記念日」なんですよ。

KOBUDAI

瘤鯛

コブダイ

ワルツのように産卵

ワインレッドに彩られ、雄の前頭部には巨大なコブがある海の闘牛、そう、コブダイです。

コブダイは、ベラ科の中で最も大きくなる魚で、市場で見かけるものは三〇～四〇センチほどですが、体長一メートル、体重一〇キロを優に超すものもいます。大型の雄には、目立つ唇とともに、額に巨大なコブがあり、それが名前の由来にもなっています。しかし、雌にはこのコブがないため、以前は、雄はコブダイ、雌はカンダイと呼ばれ、別種だと考えられていたほどです。幼魚期は赤橙色の体色の中央に白い縦帯と、背鰭《せびれ》や尻鰭に黒い斑紋の模様が、成魚になると、重厚な赤褐色に変化します。

コブダイは、貝類や甲殻類など硬いものも、強力な犬歯とのどにある歯で噛み砕いて食べます。雄は縄張り意識が強く、侵入した雄に対して激しく争いますが、幼魚と体色に白線を現し負けを認めた成魚には、ケンカはしませんよ。

普段は、岩礁帯や、やや深い岩場におり、単独で生息していますが、産卵期である晩春の頃になると、求愛相手の雌をひたすら追いかけ、めでたくカップルが誕生すると、まるでワルツを踊っている様に、雌雄が一緒に円を描きながら海面へと上昇し、そこで産卵と放精を行います。

コブダイは、塩焼きや味噌漬け、甘辛の煮付けやフライで頂きます。特に旬の時期には、しっとりとしてきめが細かく甘味のある刺身がお薦めです。寒の時期のコブダイを見つけたなら、是非、お試しあれ。

KORODAI

胡盧鯛

コロダイ

フルコースで堪能

分厚い唇に小さな目と、青色の体色に細かな黄褐色の斑点を持つ、海の天の川、そう、コロダイです。

コロダイは、沿岸の岩礁域やその周辺の砂泥底に生息し、大きくなると八〇センチを超えますが、市場で見かけるものは三〇センチ程です。

子供のイノシシには、背中に特徴的な縞模様があって、うり坊と呼ばれますが、紀伊地方ではコロとも呼ばれ、それは幼魚時の黄色い体色に黒色の縦縞模様が似ていることが名前の由来となってます。

ただし、相模湾ではイサキの小型魚をうり坊と呼ぶところから、イサキの仲間のコロダイにも、姿形や模様が似た魚として、その雰囲気が感じられるのでしょうかね? ほかにも、エコダイとかカワコダイ、コタイなどの地方名がありますが、キョウモドリとかマチマワリという変わった別名もあります。それは、京へ送ったけど戻ってきたとか、町で売り歩いても売れないなど、黄色い体色の幼魚のときの不味さに起因します。でも、成魚は大変美味なので、この魚は立派なサイズのものを選びましょう。コロダイは近年関東でも見かける魚で、水揚げは少ないのですが、その華やかな色彩から敬遠され、手頃な値段で売られています。

コロダイは、ほんのり赤色を帯びた透き通った白身を刺身で。香りと旨さを凝縮した塩焼きや煮付けも絶品です。私なら、酒蒸しや天ぷらも加えて、贅沢なフルコースで頂きます。一尾でこれだけ楽しめる美味魚を、是非、お試しあれ。

薄葉剥
USUBAHAGI

洋食に最適な肉質

ギザギザの棘《とげ》からなる背鰭《せびれ》と、暗灰色のヤスリ状肌に、側扁した魚体の海の斧、そう、ウスバハギです。

水揚げ量は意外と多く、市場ではシロウマの名称で扱われ、小さい魚でも三〇～四〇センチ程はあり、大きい魚だと六〇センチを悠々と超えます。

ウスバハギは、同じ仲間のカワハギやウマヅラハギの透明な身と比べると、乳白色をしており、特に冬には肝臓が大きく肥大し、ちり鍋やソテーに適しています。

刺身にできる魚を最上としている和食と異なり、ソテーなどソースに合わせる洋食では、加熱しても柔らかい、ゼラチン質の多い魚を重宝します。適した魚としては、シタビラメやマトウダイ、アンコウなどとともに、このウスバハギです。ですから、大量に漁獲されると、洋食素材メーカーが買い付けていくのですよ。

一一月の第三木曜日に解禁となるボジョレーヌーボは、フランスのボジョレー地方で、ガメイ種を仕込んで二ヶ月程で作られる、ボジョレーとボジョレー・ヴィラージュという銘柄の新酒のみを指します。渋みが少なく、口当たりが軽いのが特徴です。日付変更線の関係上、もっとも早く解禁日になるのが日本ですね。

私なら、薄く切った身を、昆布ダシのしゃぶしゃぶで、むっちりとした食感と旨味を楽しむか、バターの

ウスバハギのソテーマッシュルームソース

香り高いソテーにし、たっぷりのマッシュルームを使ったホワイトソースを添えて頂きます。白ワインも良いですが、軽やかで爽やかな果実の香りがするヌーボーで、ブリリアントな午後を、是非、お試しあれ。

Fish's small talk

佐賀では正月の終わりの二十日正月に、恵比須さまにその年の幸せを祈願し「ふなんこぐい」を供える行事が行われています。佐賀平野にたくさんいるフナを使い、生きたまま昆布で巻いて、鍋に大根やレンコンなど味噌と水飴で一昼夜煮込みます。ちなみに「こぐい」とは煮凝《にこごり》のこごりが訛ったものです。

黒鴟尾魳

KUROSHIBIKAMASU

スミヤキの別名も

真っ黒な魚体と、下顎《したあご》が前方に突出した大きな口に、牙が立ち並ぶ海のギャング、そう、クロシビカマスです。

クロシビカマスは、三浦半島地区ではダツとかガランチョ、または、鋭い刃で釣りの仕掛けを切るのでナワキリとも呼ばれ、西湘地区ではその青光りする真っ黒な魚体からスミヤキと呼ばれています。

クロシビカマスよりスマートで、体長が一メートルにも達するクロタチカマスは、特に小田原で珍重され、ナガスミヤキと呼ばれています。

このクロシビカマス、見た目と異なり、白濁したピンク色の脂がよくのった白身なんですが、ちょっとだけ普通の魚と違う点があるのです。実は、表皮から筋肉に向かって、長くて細かな肉間骨がたくさんあるので、刺身で食べるなら、ハモと同様に肉間骨を皮の方からハモ切りするか、身をスプーンで削ぎ取って、すき身にして食べます。

漁師さん達も、このクロシビカマスの味の良さから、大きな干物や冷凍のすり身にしてます。

クロシビカマスなら、丸々と太った肉厚のある四〇～五〇センチ程の大きさの魚体を選びます。刺身やすき身ならば、五本の指に入る白身の甘さを堪能できますし、すき身を団子汁や、柔らかく煮付けても良いですね。私なら塩焼きが一番です。鋭

クロシビカマスの塩焼き

い牙でケガをしやすい頭を切り落とし、内臓を取り除いてから、手頃なサイズに斜切りします。塩を軽く振って焦がさないように焼き上げます。したたる脂と肉汁を、是非、お試しあれ。

Fish's small talk

魚の内臓を食べるものとして、白子や卵、酒盗などの塩辛が知られてますが、心臓も珍味として食べられています。焼津ではカツオの心臓を“へそ”と呼び、三崎では“マグロのホシ”、気仙沼ではモウカザメの心臓を“もうかの星”と呼び、刺身や湯通しで頂きます。

KUROSAGI

黒鷺

クロサギ

投げ釣りの外道で、薄い鱗《うろこ》を透かしシルバーメタリックに輝くダイヤのエース、そう、クロサギです。尖った顔つきから、別名、アゴナシとも呼ばれ、魚市場に近い地元の魚屋さんでしか殆ど見かけない夏から冬が旬の地魚です。

晩夏から冬まで旬

クロサギは、沿岸のごく浅い砂地や河口の汽水域や、岩礁域にも生息しています。特におもしろい習性として、普段は砂底の上で、ヘリコプターのようにホバーリングしていて、危険を感じるとキビナゴなどと同じく、砂の中に潜るのです。また、円筒状に伸びる口を持ち、ヒイラギのように砂中のゴカイ類や小型の甲殻類を食べます。

ところで、漁師さん達は海を相手にしているため、旧暦の太陰暦《たいいんれき》を使っています。潮の干満は月の引力の影響を受け、新月や満月の頃には干満の差が大きく大潮と呼ばれます。上弦や下弦の月の頃には干満の差が小さく小潮と呼びます。また、小潮の末期には更に干満の差が小さく、江戸時代より長潮と呼ばれています。

よく「いまが潮時」と言うことがありますが、釣りでは大潮の頃、やや潮の流れがある時、グッと釣果が上がるものですから、タイミングを逃すなということなんですね。

クロサギは、刺身でも得もいわれぬコクがありますが、やはり塩焼きが一番。脂のり、身のソフトな食感、そしてほんのりとした甘みと、さすが焼き魚の裏御三家の実力、伊達じゃない美味しさです。お魚屋さんで見かけたなら、是非、お試しあれ。

UTSUBO

鱓

ウツボ

ウツボのたたき

加工品や工芸品に

樹皮の様な迷彩模様に、大きく開く口と鋭い牙、厳ついメンチを切った海のギャング、そう、ウツボです。

ウツボ科の魚類は、日本には約五〇種類もおり、色鮮やかな魚や体長が三メートルにも達する魚もいますが、

相模湾で見かけるものは、黄色に茶色の帯状の模様があるウツボで、大きくなると一メートルになります。

ウツボの口には、捕まえた獲物を逃がさない後方に倒れる特殊な犬歯が数本あります。それで魚やタコを襲って、体をひねって引きちぎって食べるのです。ですから、釣り上げたときにはウツボを直接手で持たないように。タチウオと同じく触れただけでも裂けるように切れてしまいますよ。

太平洋岸に張り出した、四国や紀伊半島、三重県、伊豆半島、房総半島、それから伊豆諸島などには、ウツボを食べる風習があります。ウツボはウナギと同じく、目打ちをしておろします。特に骨が硬いので、内臓が入っている上半身と、小骨のあたる下半身で食べ方を変えます。上半身の背側の身は、ムチッとした食感の透き通った刺身。下半身は骨切りしてたたき、骨抜きしてから唐揚げや天ぷら、煮付けにします。

加工品では、ナマダとも呼ばれるウツボの干物が有名で、それを焼いて食べたり、細切りし油で揚げてから煮付けて食べます。皮が厚く弾力に富むため、なめして財布などの工芸品にもされていますよ。

ウツボにはコラーゲンが多く、ムチムチとした歯応えのタタキや煮こごりの食感を、是非、お試しあれ。

鞍掛虎鱚
KURAKAKETORAGISU

食材として一級品

薄茶色の体色に、V型の暗色斑紋が並び、虎の様な顔つきの海の獅子舞、そう、クラカケトラギスです。

クラカケトラギスは、トラギス科の魚で、ハゼに近い体形をしています。その仲間には、全体に赤紫色したトラギスや、明るいオレンジ色のオキトラギス、ピンク色に黄色い斑紋のアカトラギスなどがいます。生息域も幅広く、浅い海の砂泥底から、一〇〇メートルもの深いところまで見られます。

クラカケトラギスの名前は、体側の斑紋が馬に鞍を掛けた様に見えることが由来となっています。また、地方名も様々で、トオグロ、イシブエ、オキハゼなど呼ばれています。

釣りをする方は、この魚が釣れても、ほとんど見向きもしませんが、天ぷらの素材としても一級品ですし、洋食のフライで珍重されるようになりました。

魚の焼き物料理には、ゴマを使った利休焼き、味醂醤油にゆずを利かせた幽庵《ゆうあん》焼き、他の素材を挟み込んだ博多焼きと呼ばれる挟《はさみ》焼き、板や紙でくるんだ杉板焼や奉書焼など、素材の良さを引き立てるいろいろな技法があります。

クラカケトラギスは、クリスタルのように透き通って、歯ごたえのしっかりした刺身、ひと塩の干物、そしてほっこりとした天ぷらやフライでいただきます。私なら、内臓を取

クラカケトラギスの塩焼き

り出し、ひと塩の丸干しを、杉板の上に並べ、二三〇℃のオーブンでじっくり焼きます。あくまでも繊細な歯触りと、じっくりとこぼれ出す豊かな旨味と杉の香りを、是非、お試しあれ。

Fish's small talk

缶詰にも美味しい食べ頃があります。魚の味噌などの調味漬けや油漬けでは、食材に味がしみ込むのに2、3ヶ月は必要です。油漬けなら6ヶ月〜1年、水煮や味噌煮などでは、3ヶ月〜6ヶ月経過したものが美味しいのです。ちなみに、商品に表記された保存方法であれば、水産缶詰の賞味期限は36ヶ月です。

KOSYOUDAI

胡椒鯛
コショウダイ

銀灰色の体に斜めに走る三本の黒たすきと、黒い斑点模様を持つ海の立候補者、そう、コショウダイです。コショウダイの名前は、その黒色の斑点が胡椒《こしょう》の様であることや、殿様の後ろに控えている小姓《こしょう》の装束に似ているからとか、斜に走る黒い帯が漢字の小の字のようであるなどが由来となっています。

上品な甘みが特徴

幼魚の時は、魚体の後半部分に大小の斑点が目立ちますが、成魚になると、斜に入った三本の黒縞と、背側後方から尾部にかけての細かな斑点模様に変化し、外見がかなり違うのが特徴です。そうそう、淡水魚では、幼魚と成魚で殆ど模様に変化はありませんが、海水魚の場合、別種と思われていた魚種も少なくないのですよ。

ところで、中南米の高地が原産で、コロンブスによって世界中に広まった唐辛子には、辛み成分であるカプサイシンが含まれています。これが中枢神経を刺激して、アドレナリンが分泌され、血流の増加により体温が高くなって血行が良くなり、胃液の分泌量を増やし、体脂肪の蓄積を抑える効果があります。ちなみに、ホットスパイスと呼ばれる唐辛子の中で、カプサイシンが最も多いのは、世界一辛いハバネロなんですよ。

コショウダイは、綺麗な桜色の血合いと透き通った白身の刺身、塩焼きや唐揚げで頂きます。私なら上品な甘みの刺身に、ほんのりと唐辛子を利かせた醤油を使います。まったりした刺身に、ピリリとした刺激が良く合うこと。是非、お試しあれ。

KOTOHIKI

琴引

コトヒキ

夏が旬の〝下弦の月〟

やや褐色を帯びた銀白色の魚体に、緩やかな三本の弧を持つ海の下弦の月、そう、コトヒキです。

コトヒキは、体側に腹方に曲がる三本の黒褐色の縞がある本種のほか、四本の黒い縦縞をもち、口先が尖ったイサキに似たシマイサキもいます。南方系の魚で、鰓蓋《えらぶた》後方に突き出た数本の棘《とげ》があるのが特徴です。ですから、魚をギュッと掴むと、痛い思いをすることがありますよ。

河口や河川の水が海水と混じり合う汽水域で、投げ釣りや堤防でのサビキ釣り、そして地引き網などで漁獲されます。河口域では、五センチ程の小さなコトヒキが群れをつくり、潮が引いた後の磯場では、たまり水に残され、慌てふためいている姿もよく見かけます。大きさは二〇センチ程ですが、三〇センチ以上に成長したものもいます。

沖縄や九州では、クフワガナー、クブ、シクなどと呼ばれるほか、琴《こと》、三味線《しゃみせん》、笛吹《ふえふき》などとも呼ばれます。これは、グーグーと鰾《うきぶくろ》で音を発することからついた別名ですね。

大きめのコトヒキなら、淡泊ながら意外に美味い刺身のほか、塩焼きや天ぷら、唐揚げ、そして煮魚などにしても締まった身で美味しくいただけます。私なら、内臓処理をしてから、塩とコショウ、セージなどのハーブで三〇分ほど下味をつけ、バターでソテーにします。フライパンに残ったバターには、ベルモットを加え風味の良いソースでいただきます。ハーブの香りに、締まった白身のうまさを、是非、お試しあれ。

眼仁奈

MEJINA

「眼近魚」が名前に

黒青色した楕円形のグラマラスボディーに、美しい碧い眼をした海のビスクドール、そう、メジナです。

メジナの顔は、口と眼の位置が、近い配置なので、眼が近いという意味で眼近魚《めじな》と書いたのが名前の由来です。他の魚種でも、特に口と眼が近いものを、メジカやメジナと呼ぶこともあります。また、特徴的な瞳の周りの虹彩が、鮮やかな碧色《あおいろ》をしているところから、英名ではオパールアイとも呼ばれています。

メジナは雑食性で、夏には動物性プランクトンの多毛類や甲殻類などを多く食べていますが、冬は磯場にはえるハバノリなどの海藻を良く食べています。口には、上下の顎《あご》に二列の歯が並んでいます。顔を前から見ると、外列歯である前歯が大きく見え、歯先が三つに分かれた三尖頭状になっており、海藻を噛み切るのにとても適しているのです。

磯釣りでとても人気のある魚種で、特に西日本ではグレと呼ばれ、その引きの強さが釣人に人気があります。また、尾鰭《おびれ》の先が伸びるため、尾長グレと呼ばれるクロメジナは、メジナが最大でも五〇センチ程なのに対し、七〇センチにもなります。こちらも引きの強さが魅力の魚ですが、味はメジナの方がいいですね。

夏場は、身に磯臭さがあるのですが、旬の冬にはその磯臭さも消え、よく脂がのって、程良い歯応えと甘

メジナの姿造り

みのある、透き通った白身の魚です。

メジナなら刺身や湯引き、味噌焼き、唐揚げ。ぶつ切りを味噌汁や鍋にして、程良く味噌味が染み込んだ美味しさを、是非、お試しあれ。

Fish's small talk

今でこそ世界に羽ばたくソイソース、そう、醤油ですが、庶民が使えるようになったのは江戸時代後期から。それまでは刺身を何で食べていたかというと、お酢や塩なんですよ。酢といっても、蓼《たで》酢《す》やゆず酢など。ですから、古い寿司屋さんでは、ネタの種類によってツケを代えたものなんです。

HAGATSUO

歯鰹

ハガツオ

青色の背中には細い黒縞が数本入り、強固なアゴと歯を持つ海のキツネ、そう、ハガツオです。

ハガツオは、カツオとは遠縁ですが、大きな犬歯が両顎にズラッと並び、その奥には更に円錐歯があり、まさに噛みつくようなイメージと、その姿がカツオに似ていることが名前の由来となっています。

特徴としては、胸鰭《むなびれ》や背鰭付近にしか鱗《うろこ》のないカツオとは異なり、体全体に細かな鱗があります。大きくなると体長が一メートルに達しますが、市場に並ぶ魚は三〇～五〇センチ程の大きさです。

甘みとコクに余韻

直ぐに身が柔らかくなるのですが、鮮度が良ければ、回転寿司で人気のトロびんちょうの様に、白濁したピンク色の身には脂がのり甘みや旨が楽しめます。

ハガツオの別名は、横顔の雰囲気からキツネガツオと呼ばれるほか、鮮度が低下すると、薬品のホウ酸のような臭いを出すので方三《ほうさん》と呼ばれ、また、細い木綿糸で編まれる独特の細かい縦縞を織り出す唐桟《とうざん》模様が、背中の模様に似てることでトウザンとも呼ばれています。

ハガツオは、体表の色が鮮やかな緑青色で、よく冷えて身がしっかりしたものを選びます。分厚く切った刺身は、程良い抵抗感を舌や歯に溜めたまま、甘みと優しい風味のコクの余韻を残しつつ、のどの奥に消えていきます。あくまでも、鮮度も取り扱いも良いハガツオを、自分でおろすことでようやく味わえる、極上名一品。皆さんも、腕を磨いて、是非、お試しあれ。

SHIMAISAKI

縞伊佐木

シマイサキ

長い吻に黒い縦縞があり、鰾《うきぶくろ》を使って濁音を立てる海の三味線、そう、シマイサキです。

西日本から九州に広く分布し、幼魚期は汽水域である河口や、内湾に生息しています。幼魚は四本の黒い縦条がよく目立ち、大きくなると更に三本の黒い縦条が加わります。

シマイサキの塩焼き

三味線や唄歌い

大きさは、体長二〇センチ程ですが、大きなものでは三〇センチにも達します。産卵は夏に行われ梅雨の頃が旬です。

グーグーと音を出す魚に、イシモチと呼ばれるシログチのいるニベ科や、コトヒキ、ヒイラギなどがいますね。このシマイサキも同様に、前後にくびれている鰾を伸び縮みさせて音を発します。ですからこのシマイサキには三味線《しゃみせん》や唄歌《うたうた》いなどの別名があります。

魚には表面に鱗があっても、粘液がありますよね。これには、体の表面に傷がつくことを防いだり、海水との抵抗を少なくしたり、細菌類などによる病気を防いでいます。そうそう、魚やイカを触っていて手が痒くなるのは、粘液のリゾチームなどが、私たちの皮膚に反応してしまうからなんですよ。

シマイサキはその姿に似合わずとても上品な味わいで、刺身や煮付け、フライなどで食べられます。私ならしっかりとヌメリを洗い落とし、王道の塩焼が一番です。しまりのあるヒラメの身のような舌触りに、白身なのに野趣溢れるコクが、梅干しポン酢とよくあいます。もし釣り上げたなら、是非、お試しあれ。

地元の旬の魚を丸ごと調理、魚のおいしさを実感

私の主な仕事は、トマト・キュウリ・イチゴ生産者で構成されている協議会の事務局を担当しています。この仕事を通してあらためて野菜、果物の旬やその物の味を知りました。その業務とは別に他の産品紹介イベントなどにも参加することがあり、そこで水産物の紹介をしている臼井さんと知り合いました。その後、地元の水産加工品をＪＡ店舗で取り扱うなどの協力連携を進めていくうちに、魚にも旬がある事を知りました。

私にとって魚は日常的な食材で、スーパーでよく見かけるアジ、サバ、イワシなど青みの魚が好きで店先で見かける時期にはよく買います。調理方法はいたってシンプルにお刺身、塩焼き、酢じめで食べるのが好きです。あまり上手ではないですが、店で下ろしてある魚を買うよりも丸ごとの魚を調理する方がより魚の美味さを感じます。時間がある時には地元で取れる旬の魚を調理して食べるのが楽しみで、最近ではアンコウの汁物やアジやサバの酢じめ、ウルメイワシを煮たりなど。

また漁師さんが作っている釜揚げしらすは、もう手がとまらなかったです。地元で獲れた旬のお魚は農作物と同じで、その魚の美味しさがより伝わると実感しています。

島村　寿枝
（ＪＡ全農かながわ職員）

5

貝類・その他

団平喜佐古

DANBEIKISAGO

縄文時代からの食材

旬は春

ソロバン玉のような形の貝殻で、とぐろを巻いたキャンディー模様を持った海のおはじき、そう、ダンベイキサゴです。

漁師さんたちは、ダンベイキサゴや、近縁でよく似たイボキサゴやキサゴなどを総じて、「ながらみ」と呼んでいます。

ダンベイキサゴは、殻幅が四センチ程の小型の巻き貝で、砂底に生息し、触角で砂の表面の堆積物を集めて食べています。この貝にはおもしろい行動が見られ、波打ち際に打ち上げられたり、外敵におそわれたりすると、貝殻から一〇センチもの長い足を延ばして、それを振りまわして逃げるのですよ。実際に水槽などでひっくり返して置いておくと、まるで小魚がはねているかのようにバタバタと振り回し、元に戻るのです。

日本の多くの地域で見られる貝塚では、アサリやハマグリなどの二枚貝の中に、このダンベイキサゴが多く見られていますから、縄文の時代から身近な食材として、獲って食べられていた貝なんですね。

ダンベイキサゴは、一〜二%程の塩を入れた水から茹で、沸騰したら

ダンベイキサゴ

ダンベイキサゴの塩茹で

火を止め、二～三分程湯冷まししてからザルに揚げます。それを爪楊枝で取り出して食べるのですが、茹ですぎると、身が縮んで固くなり、殻から取り出せなくなります。

私なら、茹でた身を取り出し、めんつゆで煮付けて丼にしたり、串に刺してたまり醤油や味噌焼きで頂きます。この貝はあっさりとした味ですから、程よい塩味のほかは薄い味付けで、是非、お試しあれ。

Fish's small talk

ダンベイキサゴは、貝ゲタという土を耕す農耕具のような金属製の漁具で、海底の砂泥地を船で曳きながら、掘り起こすようにして獲り、活貝で出荷されます。

砂浜のある海岸では二枚貝と混ざり貝殻が打ち上げられており、母が幼い時分には、この貝殻をおはじきにして遊んだそうです。

常節

TOKOBUSHI

殻の穴が六〜八個

卵形の貝殻に、左巻きの螺層は低く、岩や石にへばりつく磯の草履、そう、トコブシです。

　トコブシの名前は、海底の岩に臥《ふ》したように付着している姿が由来で、常節や床伏の字が使われています。また、動きが速いので流子《ながれこ》と呼ばれるほか、殻に穴が開いていることから"アナゴ"などの別名もあります。

　トコブシは大きくても七、八センチ程で、小さなアワビのようですが、殻に開いている穴の数が異なります。アワビは四〜五個でその周囲が盛り上がって火山のような形ですが、トコブシでは六〜八個で真っ平らです。

　海藻を食べる貝類は、歯舌《しぜつ》という軟骨でできた固い帯状の舌を使って、海藻を食べています。歯舌は口の中にあり、細かい歯が何列も並んでいて、おろし金や金ヤスリのようです。この舌で、岩に付いている小さな珪藻を剥ぎ取って食べたり、カジメなどの大型褐藻類の表面を少しずつ削りとって食べているんですよ。

　天草《てんぐさ》が沢山生える場所では赤色ぽく、カジメが生える場所では褐色になるなど、食べる海藻によって殻の

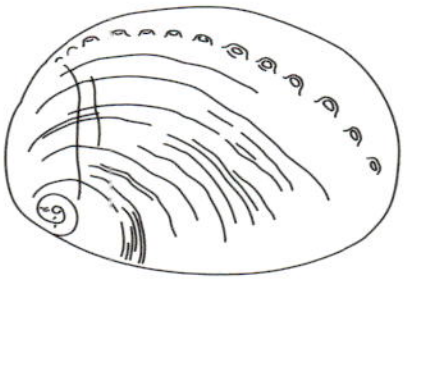

旬は冬

トコブシ

蒸しとこぶし

色彩が変わることから、トコブシやアワビの種苗を異なる餌で飼育して、色の異なる縞模様を貝殻につくると、放流後の調査で容易に見分けることができます。

トコブシはアワビと異なる軟らかい刺身、そして天ぷらや炊き込みご飯で頂きます。私なら、薄味の煮付けにとヌメリを洗って、貝殻の汚れにします。程良い甘みとムッチリした歯応えを、コクのある地ビールとともに、是非、お試しあれ。

Fish's small talk

料理に合わせるソースに、定番のトマトソースやバジルソースなどがあります。他にも簡単に作れるバーニャソース、マッシュルームソースも素材を混ぜ合わせ加熱するだけで簡単で意外にもおいしいです。あと、オレンジやイチゴなどの果物風味を付けたマヨネーズソースも水産物に合いますよ。

駿河貝
SURUGABAI

内臓の多食は禁物

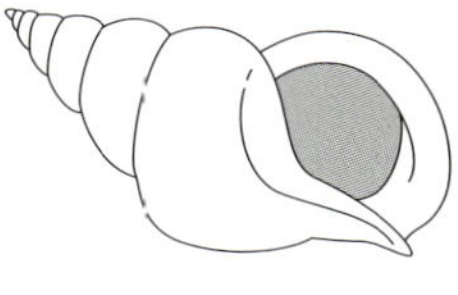

旬は春

日の光が全く届かない深い海の底で、砂泥の中で暗躍する切れ長の巻き貝、そう、スルガバイです。

かご網漁によって秋から冬の間、漁獲されますが、漁獲量も少なく、殆ど地元で消費されています。

二枚貝に比べると、巻貝の種類は圧倒的に多く、日本には約三〇〇〇種おり、食用には約二五〇種程で、ツブとかバイと総称で呼ばれます。ちなみに、貝は訓読みでカイ、音読みでバイと読むのですよ。

相模湾でツブと呼ばれるものは、主にスルガバイとヒメエゾボラモドキです。細長いらせん状の右巻きの殻をもち、大きいものでも殻の長さが八センチ程です。この二種類とも同じ場所で獲れますが、八対二程の割合で、少しスリムなスルガバイの方が多いのですよ。

私は貝料理に目がないのですが、一つだけ皆さん、覚えておいてください。多くの巻貝は雑食か肉食性であり、中腸腺と呼ばれる内臓部には、餌から貝毒成分が蓄積されたり、口につながる唾液腺には、中毒を起こす成分が含まれることがあります。ですから、内臓ごと食べる巻き貝の

スルガバイ

スルガバイの茹貝

多食はさけましょう。

刺身でも美味ですが、塩茹でも最高です。貝殻の汚れをよく洗い、茹で玉子と同じく、水から茹でます。お湯から茹でると、筋肉が収縮し貝殻から取れなくなりますからね。

沸騰後は二、三分で火を止め、余熱で火を通します。その際、めんつゆを少し加えると、エグ味や雑味が消え、まろやかになります。ゆったりとぬる燗で、是非、お試しあれ。

Fish's small talk

世界一大きな二枚貝は、沖縄でも見ることができるオオシャコガイで、貝殻だけで300キロ、寿命は100年以上にもなるそうです。世界一大きな巻き貝というと、日本のホラガイではなく、オーストラリア北部アラフラ海に生息するアラフラオオニシで、最大では殻高が76センチもあるのです。

牡蠣

KAKI

海のミルク

何層にも重なる地層のような貝殻に、ぷっくりしたお腹をもった海のミルク、そう、カキです。

カキの仲間には、一般的なマガキ、九州地域で主に養殖されているスミノエガキ、数少ないイタボガキ、そしてこれだけが夏が旬のイワガキがあり、日本各地に分布しています。

名前の由来ですが、カキは岩場などにくっついているので、掻き落として採取することからとか、身を取り出すのに頑丈な殻を欠き砕いて取ることからきているのです。

カキは主に汽水域などに生息し、河川からの栄養塩類を食べて育つ植物プランクトンなどを吸い込み漉して食べて成長します。その漉す海水の量は実に一日に八〇〇リットルにもなるそうです。そうそう、売られているカキには生食用と加熱用がありますね。カキは餌として吸い込んだプランクトンの他に、食中毒を引き起こす腸炎ビブリオなどの細菌も濃縮して溜めてしまうのです。そこで殺菌した海水で数日間飼育したり、絶食して細菌数を少なくし生食できるようにします。しかし、身が痩せていますから、もし牡蠣フライをす

旬は
秋〜冬

カキ

カキの昆布蒸焼き

るなら、高い生食用よりも加熱用の方が太っていて美味しいんですよ。以前、北海道厚岸町で七年もののマガキを頂きましたが、殻が三〇センチ近くありましたよ。そう、厚岸とはアイヌ語でカキがたくさん獲れる所といわれます。

カキは生カキや焼きカキ、定番のカキフライのほか、地域の名物のカキ飯や土手鍋、加工品のくん製のオイル漬けやオイスターソースなど、濃厚な旨味を、是非、お試しあれ。

Fish's small talk

土手鍋といえば広島の牡蠣料理として知られています。現在の広島である安芸郡の矢野のカキ行商人、土手吉助が大阪に出かけてカキの味噌鍋を紹介し、好評を博したのが由来となっています。甘口の味噌を味醂で良く練り、少しずつダシに溶き入れカキを堪能する、また、仕上げにうどんを煮込んでも。

帆立貝

HOTATEGAI

ヴィーナスの誕生

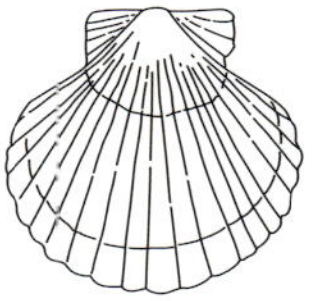

旬は
秋〜冬

丸みのある扇形の殻には放射状に肋が入り、ギリシャ神話の女神ヴィーナスの誕生、そう、ホタテガイです。

主に三陸から北海道の浅い海の砂底に生息し、寿命は一〇年程で殻径は二〇センチにも達します。この貝殻の形が、源氏の子孫である秋田藩主の佐竹氏の家紋、五本骨扇に月丸に似ており、秋田貝《あきたかい》とも呼ばれます。

大きな貝柱にはヒモと呼ばれる外套膜があり、白色の精巣、オレンジ色の卵巣があります。ホタテガイは二枚貝ですが、その貝殻は左右対称ではなく、片側の殻は平べったく、もう片方は船底の様に丸みを帯びた形をしています。実はふくらみを持った方が右側の貝殻で、左が平べったい方なんですよ。普段はこの右殻を海底に横たえて、海流の流れてくる側に貝殻を開いて、プランクトンを食べているのです。ちなみに、天敵のヒトデに襲われそうになると、殻を力強く開け閉めして海水を吹き出し、短距離を泳いで逃げます。

水産物の旨味についてはアワビやウニなどが知られていますが、ホタテガイには、アミノ酸のグルタミン

ホタテガイ

酸、グリシン、アラニン、アルギニン、核酸関連物質のアデニル酸、無機イオンのナトリウム、カリウム、塩素がエキスとして知られています。

ホタテガイなら、大きな貝柱の刺身や焼き物、フライやソテー、グラタンなど、フランス料理や中華料理など、広く受け入れられている素材ですね。私なら、型枠にホタテガイを詰めてベーコンで巻いたステーキにします。程よい油が濃い旨味をひきだす絶品を、是非、お試しあれ。

ホタテガイのあんかけ帆立饅頭

Fish's small talk

カキやホタテガイなどの貝殻は残滓として処理に困っています。主成分は炭酸カルシウムですから、チョークや塗料のほか、土壌や汚水処理の改善材としても使われています。そのほかには、吸収しやすいようにビタミンDが添加されたカルシウム摂取用のサプリメント製品もあります。

紫海胆

MURASAKIUNI

ビタミンAが豊富

浅い岩石の海底に、強固な丸い殻と、栗のイガのような棘《とげ》を持つ海のハリネズミ、そう、ムラサキウニです。

潜水漁や覗《み》突《づ》き漁などで漁獲され、水揚げされるムラサキウニは、市場ではガゼと呼ばれて水槽で活かして売られるほか、産地では身を取り出して箱詰めにしています。

下部には口があり、アリストテレスの提灯と呼ばれる五本の鋭い歯口器で、カジメなどの褐藻類を直径二～三ミリ程に切取って食べています。

ムラサキウニは、雌と雄が別々の雌雄異体で、外見による判別はほとんどできません。一つのウニには五つの生殖巣があり、雄には精巣、雌には卵巣がありますが、見分けがつかず、区別せずに食べますよ。

生殖巣は、とても鮮やかな黄金色をしていますね。それは黄色や赤色のカロチノイド系色素である、エキネノンが含まれているからです。これは、プロビタミンAに分類され、緑黄野菜に含まれるβ《べーた》カロチンと同様に、体内においてビタミンAに変換されます。また、ウニには純粋な

旬は
初夏

ムラサキウニ

ムラサキウニの刺身

ビタミンAのレチノールも多く含まれ、皮膚や粘膜を健康に保つことから、老化予防やガン予防に有効です。

さらに、視覚機能を正常に保つ働きや、免疫機能を強化する働きも知られています。

活けのムラサキウニなら、包丁で口を切り取って、殻を二つに割ってからスプーンで身を取り出します。焼ウニも良いですが、私なら、どこまでも澄んだ柔らかな甘みを感じる生が一番です。是非、お試しあれ。

Fish's small talk

冷凍マグロの表面には、切り粉が付いており、先に水道水で綺麗に溶かし洗います。塩分濃度3～5％の40℃程の温塩水を用意し、マグロを入れ芯まで柔らかくなってから取り出し、水分をきれいに拭き取ります。空気に触れて真っ赤に発色したら、更に良く拭きラップでくるみ、冷蔵庫で保存します。

海鞘

HOYA

海のパイナップル

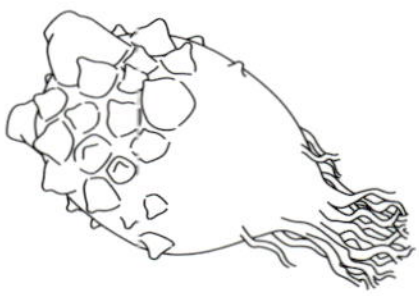

旬は夏

表面にたくさんの乳房状突起があり、人肌色から濃い赤褐色した海のパイナップル、そう、ホヤです。

日本で食用とするホヤは、北海道から九州まで分布するマボヤと、北海道に分布するアカボヤの二種です。

宮城県などの東北地方でかなり古くから養殖が始まり、現在では大規模に行われて、三年ほどで全長二〇センチほどになります。夏のホヤに含まれるグリコーゲンは、冬のホヤの約八倍になっており、甘みや旨味がとても強く感じられる旬です。

ホヤの名前は、岩礁などに固着する様子が他の木に寄生して根を張るヤドリギに似ており、そのヤドリギの古名である寄生《ほや》に由来しています。

実はこのホヤは、幼生のうちはオタマジャクシの様な姿で、なんと海を泳いでいるのです。そして定着する場所を見つけると固着し、入水孔から海水とともにプランクトンや有機物を吸い込んで食べて成長します。

岩などに付いているスポンジ状のカイメンに似ていますが、脊椎動物に近縁な生物なんですよ。ですから、発生学の分野などでは、幼生時の細胞数が二五〇〇程と少なく、オタマ

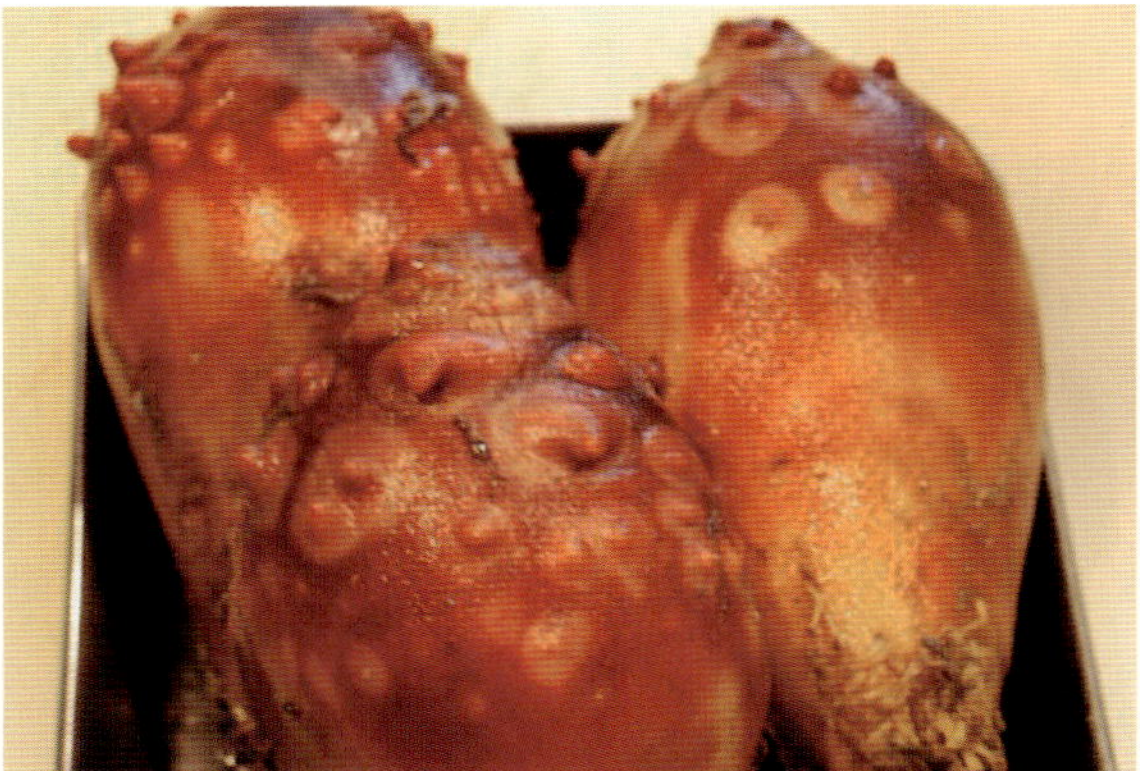

ホヤ

蒸しほやと塩辛

ジャクシ幼生には脊椎動物と共通する部分が多く、しかも成長が早いため、動物実験によく使われています。

ホヤはチェニックという硬い皮で覆われており、それをライチの皮のように剥くと出てくる鮮黄色の柔らかい肉質部が食用部分です。水揚げされたばかりの新鮮なものを、海水で洗って刺身や酢の物のほか、皮に切り込みを入れて焼いた焼きボヤ、絶品の塩辛ならさっぱりと冷や酒で、是非、お試しあれ。

Fish's small talk

ほや類は東北地方以北で養殖され、宮城が全体の8割程を占め、岩手、青森、北海道でも水揚げされています。

養殖法としては、山ブドウの蔓にたくさんのマボヤが付着したことから養殖技術が確立し、養殖用のロープに付着させ、延縄《はえなわ》式垂下方式が現在も行われてます。

美容と健康には魚料理がいちばん！

田口　萌（作家・女優）

「相模湾には、皆さんの知らない美味しい魚が沢山いるんです。ぜひもっとお魚を食べてください！」

私が臼井さんと初めてお会いしたのは、構成を担当する県広報番組の打合せの席。次から次へと楽しそうに魚の話題を提供して下さる姿に、私もすっかり夢中になって聞き入ってしまいました。

というのも私の実家は静岡で、小さい頃から美味しい魚を食べて育ちましたから、お刺身はもちろん、煮付け、焼き物、揚げ物と、とにかく魚料理が大好きなんです。

そんな私は作家の他に女優の仕事もしていますが、芝居づくりの現場では、稽古の後に仲間と語り合う時間がとても大切。美味しい料理を食べ、お酒を酌み交わしながら、家族のように心を開いて語る場は、いい芝居をつくるために必要な時間なんです。

「なめろうって何？」「美味しい？」「食べてみなよ」と料理がお互いを知るきっかけになったり、「美容と健康には魚料理がいちばん！」と先輩女優がアドバイスしたり。

臼井さんの本を開く時、私はいつも、家族や仲間が楽しそうに食卓を囲む風景が浮かんできて、心がウキウキするような幸せな気分に包まれています。

季節の魚と野菜で

6

もしこのさかなと野菜で作るなら

家庭でもよく知られている魚介と、それが旬の頃の野菜との組合せ。お店に旬の手頃な魚を買い、自宅の冷蔵庫の中を覗いて、素材を生かした創作する季節の魚料理。お願いした皆さんには、おもてなしの一品よりもまかない風、ちょっとおいしくをモットーにして創作していただきました。

魚介の種類はマアジ（春、秋）、サバ（秋、冬）、サンマ（秋）、スルメイカ（夏）、ホタテガイ（冬）の5種類、野菜も一般的なものとしてキャベツ（冬、春）、タマネギ（春）、トマト、キュウリ（夏）、ナス（夏、秋）、柿、梨などの果物（秋）、大根、白菜（冬）などです。

家庭で使いやすい魚で二品

いしけん　関野俊之さん

料理人歴一〇年程の関野さん、料理人だったおじいさんの武勇伝を伝え聞き、そのあこがれとともにこの料理の道を選んだとのこと。

いつもはカウンター越しに立ち、白衣を身にまとって、てきぱきと料理の下ごしらえをする。今日は何がいい？　って聞かれたり、これ、旨いね！と言われると、まじめで不器用なはにかみを見せ、とても誠実さを感じる人物。

今回の創作料理では、家庭でも作ってもらえるようにと、なじみ深いマアジとスルメイカを選んでくれた。

春の料理として「アジの生春巻き」。マアジは使いやすく家庭でもメジャーな魚ですから、下処理も比較的楽でしょう。鮮度の良いモノなら、三枚におろしてから冷たくした薄い塩水に通すと臭みが出ず、モチッとした食感が出るんです。刺身で食べるアジのたたきにはワケギやショウガが良くあうので、今回は細切りした野菜を薬味代わりとして使うことを考えました。

生姜は効かせすぎると、他の野菜の味を殺して

アジの生春巻き

材料：マアジ、針生姜、春キャベツ、新タマネギ、みょうが、錦糸卵、紅立、生春巻き
調味料等：マヨネーズ、ドレッシング
ポイント：針生姜はさっと湯通ししてから甘酢に漬ける。

しまいますから、甘酢にさっと漬けています。その柔らかい風味がアジの旨味を出しつつ、生姜自身も美味しく食べられるようにと工夫しました。

マヨネーズのドレッシングに、和風ドレッシングをトッピングしたり、家庭にある様々なドレッシングなどでも。

次に夏の料理として「イカ飯風にスルメイカのナス詰め」。イカと野菜の料理というと、直ぐにイカの煮付けが思いつきます。それとスルメイカ特有の料理であり、歯ごたえや旨味なら、自分が大好きなイカ飯が思いつきます。せっかくですから、イカの形を残して、夏の疲れた胃袋にも優しい煮ものでで、さらに夏を代表するナスを入れてしまえと。

作り方は、さっと湯通しした霜降りのイカを作り、そこに生のナスを入れて、タコの柔らか煮に使う小豆を入れて、ほんのりと甘めになるような味わいで、煮立たせないようにしてゆっくり煮ました。そして冷やしたものです。

感想

アジの生春巻きなどは、東南アジアの料理店や無国籍料理などでは、こってりした味わいが多いのですが、程よい生姜の風味がアジのムチッとした食感を引き出し、そして魚の5倍程入っていたと思われる野菜は、そのままスッと入ってしまう、高齢者にも子供にも優しい、和食になっていました。スルメのナス煮は小豆の風味で、柔らかなイカとナスはベストマッチですよ。

イカ飯風にスルメイカのナス詰め

材料：スルメイカ、ナス、小豆、オクラ、青柚子
調味料等：ほうじ茶、お酒、砂糖、醤油

ポイント：水に調味料で薄く味付けし、煮汁を煮立たせてから、弱火にしてイカを入れてゆっくり煮ること。

サンマとホタテをフレンチで！

フランス料理　エスパス　藤原靖範さん

素材の旬、香りを大事にして、その旨さをダイレクトに伝えたい、だから地物にこだわりたい。お店には一二〇種のワインが並んでおり、打ちっ放しのコンクリートの床に、ステンレスのカウンターとテーブル、そしてクリスタルのグラス。余計なものはいらない、無機質な空間だからこそ、基本を大切にした素材が生きる料理もワインも輝き、会話が弾む。

今回、フレンチの技術での創作料理に、サンマとホタテを選んで作ってくれた。秋の料理として「サンマのバジル挟み焼き、ナスのピューレ」。その時期になると定番にしている料理だそうだ。秋といったら定番のサンマとナスでしょう。脂がしたたる塩焼きも美味しいのですが、サンマのたくさんある小骨が無ければむしゃぶりつけるように食べられるし、とても美味しく感じられます。調理はサンマを三枚におろした後に、小骨を丁寧に抜いていきます。この作業がとても大変で、尾に近づくと、身が剥がれてしまうので、それだけ

サンマのバジル挟み焼き、ナスのピューレ

材料：サンマ、ナス、バジル（青シソでも可）、ニンニク、タイム

調味料：塩、コショウ、強力粉、オリーブオイル（サラダ油も可）

ポイント：指の腹で骨をさわりながら、一本ずつ丁寧に骨を抜きフライパンに油をひかず低温でゆっくりと焼きあげます。合わせ目がくっついたら火が通った証拠なので、裏返して下さい。

は注意して身をくずさないで。できたら塩コショウを軽くし、ちぎったバジルを二枚のフィレで挟むようにして、皮に強力粉をはたいて中火でソテーします。付け合わせのナスは油との相性が良い食材。サンマの脂を易しく包んで旨さを損なわない。塩、ニンニク、タイムとオリーブオイルを塗ってローストします。焦げない程度に焼き上がったらスプーンで皮以外をとって、フードカッターやすり鉢でペーストして添えます。

冬の料理に「ホタテと里芋のクロケット」。里芋は下茹でし、皮を剥いてペーストにしてから、そこに塩コショウします。ホタテの貝柱を適当な大きさに切り、このトロトロの里芋ペーストで包み込み、細かいパン粉でコロッケにします。つまり、クリームコロッケを里芋のトロトロで作った、日本料理なら里芋しんじょの様なものです。これにあわせるのは貝類などに定番のタルタルソース、ほのかな酸味とコクが、この料理の風味を引き立たせます。

ホタテと里芋のクロケット

材料：ホタテの貝柱、里芋
調味料等：塩、コショウ、パン粉、サラダ油
ポイント：裏漉しの際、細かく漉すとなめらかに、食感を楽しむなら粗めに漉すと良いでしょう。たいへん成形しづらいので、一つずつラップなどで包み冷蔵もしくは冷凍庫で締めると良いでしょう。

感想

サンマの脂の旨さや皮目のパリッとした食感がなんと言ってもいいんです。塩焼きと違い、一気に食べるとサンマの脂が甘くって旨いんです。一度は家庭でも試して欲しい料理です。また、里芋のトロトロ感にふっくらした数等分にしたホタテ。クリームの油っぽさがなく、皮目も具だくさんのカレーパンみたい。形作りは一度凍らせると楽ですね。

子供が魚料理を楽しめるように

管理栄養士　三日市　夏美さん

小学生の親御さんに食事に対するアンケートを行ったところ、値段が高い、後片付けが面倒、調理の方法が分からない、などが魚を食べない理由でした。そして、益々家庭の食卓から魚を追い出す原因には、肉好きな子供が増えただけでなく、家で魚を食べる機会が減り、必然的に肉料理が増えて、その結果、魚を嫌う子供が増えてしまったように思います。

魚は小魚では骨ごと食べればカルシウムを多く摂取できますし、肉に比べて脂肪も少なく、高タンパクであることから、子供達にとって非常に優れた食材であり、最近の肥満児率の増加や栄養バランスを考えると、やはり魚は積極的に食べてほしい！　というのが栄養士の本音です。

今回のレシピを考えるにあたっては、子供達からの意見であった、骨が怖い、魚は臭いのうち、後者を改善できる献立を考えました。

一品目は「鯖のかりんとう揚げ」です。鯖に生姜とお醤油で、子供の大好きな「から揚げ」風味に下味をつけて揚げ、焼いたパプリカとナスの素揚げを添えました。鯖とタレの味でお野菜が多く

鯖のかりんとう揚げ

材料：サバ…半身、パプリカ…1個、ナス…2本、生姜…ひとかけ

調味料等：醤油大さじ2、サラダ油、片栗粉、トマトケチャップ…30g、中濃ソース…10g、さとう…1.6g

ポイント：下味を付ける際に、サバの身が崩れてしまわないように気をつける。

食べられ、見た目も鮮やか。もちろん、鯖の臭みは感じられません。実はこの調理法は、私が子供の頃に苦手だったレバーが、唯一食べられた奇跡の献立なのです。

二品目は「イカと野菜のゴマだれサラダ」です。イカと野菜をサラダ感覚で沢山食べられ、しかも日本人に不足気味の食物繊維と鉄分をたっぷりとれるメニューです。

ゴマだれは作っている時に堅いかな？　とおもったら冷やした緑茶で伸ばすと美味しいです。また、時間がなければ市販の中華ドレッシングやごまドレッシングなど、お好みのドレッシングで食べても美味しくいただけます。

まず大人である私達が「魚を楽しむ食生活」の実践が大切。「子供が食べないから出さない」ではなく、まずは「子供が食べられそうなメニュー」から作って慣れさせ、魚を食べるということを、習慣として生活に組み込むことが大切です。

感想

以前に子供達は、トマトソースやカレー風味などにすれば食べ残しが少ないと。でも、味が濃くて素材の風味は関係なくなってしまう気もしますね。かりんとう揚げは下味をつけた唐揚げで、中華料理のオイスターソース風味に近いもので美味しいですね。イカも茹で方一つで柔らかくも硬くも。ごまだれにはケンサキイカで作ると更に美味しそうですよ。

イカと野菜のゴマだれサラダ

材料：イカ…200g、チンゲンサイ…2～3株(約200g)、にんじん…2/3 本（約 100g)、えのきだけ…一袋 (約 150g)、ねぎのみじんぎり…ねぎ 1/4 分位

調味料等：すりごま（白）…大さじ 2、酢…大さじ 2、しょうゆ…大さじ 1 と 1/2、砂糖…小さじ 2

ポイント：チンゲンサイ、にんじんもイカと同じくらいの長さの細ぎりにして、さっと茹でて冷水で冷やすこと。

気負わず作れるレシピで

神奈川県立保険福祉大学　学生　小山未央さん

東京都青梅市という山に囲まれた土地で生まれ育ち、家では魚をおろして料理することは希でしたが、アユやマスなど釣って、塩焼きにして食べるのは好きでした。

現在、管理栄養士を目指すため、神奈川県の大学に進学し、人間栄養学や食べ物のこと、体の仕組みなど広い範囲にわたって勉強しています。

神奈川で一人暮らしを始め、環境は一転し、山から海へ。一番に感じたことは、人々と魚との距離が近いことです。こちらの家庭では家で魚をおろすのは当たり前と聞き、非常に驚きました。今回、料理を創作するにあたり、一人暮らしでキッチンが狭い、料理をする時間がない、でも魚料理が食べたい……そんな方に気負わず作れるレシピを考えてみました。

一品目は「サバとれんこんのステーキ－ニンニク味噌醤油」です。サバとレンコンをフライパンでカリッと焼いて、合わせタレをかけるいたって簡単なものです。しかし、ジューシーなサバとシャキシャキなレンコン、食欲をそそるタレで御飯

サバとれんこんのステーキ－ニンニク味噌醤油

材料：サバ切身、レンコン
調味料等：ニンニク、味噌、醤油、生姜、すりごま、砂糖
ポイント：サバは表面をカリッと焼くこと。

がモリモリ進みます。疲れた体にぴったりです。もう一品は「サバ缶と茄子の煮物」です。煮物が食べたい！　でも煮物は時間がかかるし、敷居が高い……。それならば缶詰を使って簡単に。

鍋に油を熱して、茄子と油揚げを炒め、サバ缶を汁ごと投入します。そして水を加え、醤油、味醂、味噌で好みの味に整えて完成です。短時間で出来るのに茄子にも味が染みてトロトロに！　一人暮らしで母の煮物が恋しくなったら、是非作ってみてください！

昔から、家族や仲の好い友人と食事をするのが大好きで、「食」そのものをとても大切なものと考えています。管理栄養士になってもこの気持ちを忘れずに、社会の中で「食」の大切さを多くの人に伝えたいと思っています。

人を良くすると書いて「食」。食べることとは、お腹を満たすためだけのものではないのです。魚は新鮮な方が良い、捌ける方が良いのですが、大切なことは、自分に出来る範囲で料理すること。食べる楽しみを忘れずに、多くの人が魚の美味しさを再発見することを願います。

感想

若い方の味付けは豪快さと楽しさがありますね。サバも切り身にして塩水に少し浸すと、表面が変質して肉汁が無駄に出ないで良いですよ。

それから一人分だけを作る、そして早く作る料理などでは缶詰を使うのは、お手軽ですし買いだめもできますからね。それからＤＨＡなどは缶詰の方が多いですから、栄養価的にも優れているかもしれませんね。

サバ缶と茄子の煮物

材料：サバの水煮、ナス、油揚げ
調味料等：醤油、味醂、味噌
ポイント：茄子はトロッとした食感に仕上げること。

油と塩をなるべく使わない魚料理と地域の素材で地域の名物料理に

神奈川県水産技術センター　臼井一茂

当所では、食に係わる団体などから依頼を受けて、魚料理教室を行っています。内容はアジ切り包丁を使った鮮魚の下処理（脱血してから三枚おろしなど）のしかた、そして地域の旬の野菜や果物と、当日に水揚げされた魚で、特別な調味料などを用いずにその場で創作していくレシピのない料理です。最近のお気に入りは、練りカラシを効かせた醤油づけと湯どうし野菜を、白ごまを混ぜた塩味の飯で握る島寿司、ワカメのちぢみ、イサキの梅干し風味のつみれとアラだし汁、しめさばとカキのカナッペなどです。いずれ紹介したいと思います。

さて、今回の一品目は「マアジのパン粉グリル」。これは料理法として、なるべく油を使わず、しかもフライパンで簡単に作れる料理です。

元々はイタリアのオーブン料理をアレンジしたものです。蝶開きにしたマアジとスライスしたタマネギに塩、粗挽き黒コショウ、ガーリックパウダーで下味を付けて五分程置きます。そして、サラダ油で湿らせたパン粉で魚を挟み、皮目から火

マアジのパン粉グリル

材料：マアジ、タマネギ、春キャベツ
調味料等：パン粉、サラダ油、塩、粗挽き黒コショウ、ガーリックパウダー
ポイント：食材からパン粉が離れると、そのパン粉は真っ黒に焦げますから、離れないように。

を通すのが八割で、パン粉が焦げないように中火から弱火の間で焼きます。このパン粉の油は少しずつフライパンに流れ、その油で蒸されるようになるので、パリッと仕上がります。

二品目は「サバのアラのしもつかれ」です。しもつかれは北関東の塩鮭を使った郷土料理ですが、私の勤め先がある三崎では、三崎の寒サバや松輪サバも有名で、三浦大根もありますが、野菜とあわせた郷土料理が見あたりませんので、作成してみました。三枚におろして、身も内臓以外のアラも塩をふって一、二時間ほど置き、アラは一度煮出して塩気をとってから、その後、圧力鍋で煮て骨まで食べられるようにします。

三浦大根は煮ても食感が残るので、鬼下ろしでちぎったような粗い粒状にします。そして大鍋に、水をはり、煮たアラとおろした大根、そしてさっと水洗いし塩分を落としたフィレは適当に切ってから入れ、最後に酒粕を加えてゆっくりかき混ぜて煮ます。煮ているときは塩気が少ないぐらいがちょうど良く、焦がさないようにしてください。

感想

焼くのが苦手な方でも、皮目が焦げずにパリッと仕上がり、身はジューシーにできます。もちろんアジだけでなく、他の魚でもお肉でも、そして野菜でも使える調理方法です。

サバのしもつかれは冷やして一日ほど経った方が美味しいです。おつまみと言うよりも、ご飯で駈け込むように食べたい、頭から骨まで入った、栄養価も高い、実に無駄のない料理ですよ。

サバのアラのしもつかれ

材料：サバ、大根
調味料等：酒粕、塩
ポイント：アラを煮たときに、しょっぱいならゆでこぼして、再度水から煮てください。

索引

成分

料理法・加工品

魚のあんな話、こんな食べ方① 目次紹介

季節の魚

エビ・カニ類、イカ・タコ類

貝類・その他

コラム

著者・撮影
臼井一茂（うすい　かずしげ）
1969年、東京都生まれ。東京水産大学食品生産学科卒業。
現在、神奈川県水産技術センター主任研究員。
水産物の利用加工分野を専門とし、鮮度保持や加工技術、衛生管理などを担当。学校給食への地場産水産物の利用促進や、地産地消の推進と地域特産品の開発などをおこなう。また、食生活改善推進員や消費者団体、生協などからの依頼により、県内各地で水産物と食にまつわる講演、そして、加工品作りや魚料理など、独創的な料理教室もおこなう。
著書に「[遊び尽くし] 塩辛づくり隠し技」、「[遊び尽くし] 貝料理あれもこれも」（創森社）、「水産食品デザイン学」（成山堂）ほか、フード・インストラクター認定通信教育の「食育講座〈魚編〉」（(訓) 日本技能教育開発センター）、監修で、「一食べものマスターにチャレンジ―『食べちゃれクイズ』」（ダイヤモンド社）など多数。

カバー・本文レイアウト　丸塚久和
編集協力　佐藤瑞穂
料理協力　「あじさと」　神奈川県平塚市宝町 12-1
「いしけん」　神奈川県平塚市代官町 10-10
「espace」　神奈川県大磯町大磯 1098
「お好み焼き　かげつ」　平塚市紅谷町 13-20
小田原市漁業協同組合女性部、海真丸（小田原）、
堀川網（藤沢市）、京急油壺マリンパーク

続《ぞく》　魚《さかな》のあんな話《はなし》、こんな食《た》べ方《かた》

2009年9月10日　初版1刷発行

臼井《うすい》　一茂《かずしげ》 著

発行者　片岡一成
印刷所・製本所　株式会社シナノ
発行所　株式会社恒星社厚生閣

〒160-0008　東京都新宿区三栄町 8
TEL：03(3359)7371(代)
FAX：03(3359)7375
http://www.kouseisha.com/

（定価はカバーに表示）

ISBN978-4-7699-1202-6 C0077